她们眼中的她们

徐枫／主编

文汇出版社

编委会

主　任：徐　枫
副主任：翁文磊
编　委：孙红岩　周　淼　顾逊里

前　言

　　上海，人们口中的"魔都"。她的魔力，来自于日新月异，不断变化的城市面貌；来自于快速发展带来的丰富机遇；来自于古今中西交融形成的独特海派文化；更来自于这个城市魔力的展现者——上海女性。她们不仅是上海独一无二的让人眼前一亮的优雅风景，更是这个城市前进发展的主力军之一。

　　上海女性的智慧和美好，正蕴藏在这本以写意山水笔法勾勒而成的 12 位上海当代巾帼的微型传记中。展卷而读，你能聆听到一种大气而温暖的天籁之音；你会邂逅 12 位智慧而时尚的上海女性，并和她们促膝谈心；你会读出求知探索的快乐，读出创业创新的艰难与百折不回，读出追逐梦想的坚韧和笑对人生的淡然……

　　有着"聪慧时尚、自信坚韧、创新进取"时代精神的上海女性，无疑是这座城市美丽与智慧的最佳代言人。

　　中科院院士张永莲，年逾古稀仍带领团队探究生命起源的奥秘；上海地铁的张琼燕，为上海轨道交通信号工程建设做出了突出贡献；现代服务业的童静，与国际同行进行着城市软实力的竞技与较量；"东方大律师"黄绮，心系民主与法制，甘当播撒法律阳光的使者；空嫂吴尔愉，20 年来一直坚持在第一线做空中乘务员；从白领转行的刘海燕，带领农户为上海市民的菜篮子送去健康好吃的蔬菜水果……这些女性，在其各自所在行业中是真正的佼佼者，走在学科的前沿，立足思想的高地。她们的骄人成绩，让上海这座"东方之珠"焕发出更为璀璨的风采。

值得一提的是，本书的亮点不仅仅在于讲述这群巾帼英雄的专业成长之路，更关注到了耀眼光芒背后人性的光辉，每一位女性的故事里都有着让普通大众产生共鸣的声音和思想。带着感情去读，通过有限的文字，与这 12 名女性进行心与心的交流，了解这些可爱可敬的时代精英的真实心声和梦想。

教育家于漪，坚信没有爱就没有教育，以教师的人格和学识魅力熏陶感染学生；妇联干部刘美娟与"知心妈妈"们一起，用暖心服务打开身处困境的老姐妹们的心结；"大地母亲"易解放，将对儿子的爱化为沙漠里一棵棵茁壮成长的树；普通护士蔡蕴敏，以高超的伤口护理技艺抚慰每个病痛的心灵；"金牌编剧"王丽萍，用笔讲述温暖的故事，传递人与人之间的真善美；80 后王萌萌，在边远山区支教帮困，用心做志愿，用心写志愿……她们身上，有着让人震撼的强大的生命力；她们，对家人对事业无限热爱，同时又能将这平凡之爱，升华为一种人间大爱。而这种大爱，足以为我们这座具备蓬勃创新活力的城市，平添一份朴实有力的温度和美好，更能透过这组群像，感受到全市 1200 多万名女性的满满的正能量。

自尊、自信、自立、自强的上海女性，正在为加快建设社会主义现代化国际大都市，追求实现"中国梦"、实现女性自身发展"人生梦"而努力奋斗。你听到这坚定从容的脚步声了么？

徐枫

上海市妇女联合会主席

目录

张永莲：心里怀着梦想，我就能够走得更远

张永莲，1935年生于上海，1957年毕业于复旦大学化学系，分配到中国科学院上海生理生化研究所（现称上海生化与细胞研究所）从事研究工作至今。

1985年赴英国进修的经历激发了她的民族自尊心。回国后，她带领一支队伍，选择当时在国内还处于空白的前沿领域——雄激素对真核基因转录调控机制进行潜心研究，利用当时最先进的知识和技术，在启动子分析、基因上的顺式原件和细胞核中的反式因子的鉴定以及反映染色质水平调控的核小体排列分析方面都取得了成绩。先后获得中国科学院自然科学一等奖，国家自然科学三等奖，上海市科技二等奖、上海市劳动模范、上海市三八红旗手标兵、十大科技精英奖。

1998年开始，已63岁的她将自己在分子生物学方面的所长用在附睾对精子成熟的作用机制的研究上。2001年后，与香港中文大学合作，发现一个附睾特异表达的新基因既能抗菌又能起始精子的运动，被美国Science编辑喻为"药品式的避孕套"

2006年张永莲被邀担任第5届国际附睾大会组委会成员，2009年被国际男科学学会主席邀请担任第10届国际男科学大会组委会成员。2010年第5届国际附睾大会在上海召开，会上推举她为第6届国际附睾大会主席。

已近80岁的她，又在上海市科委的支持下，于2007年成立了上海市分子男科学重点实验室，从2个研究组到目前为止已发展成12个研究组。这一领域，在国外也只是个别实验室刚起步，而在中国则有了整支年轻的团队。

世界通过实验室认识她，而她也在实验室里找到另一个世界。不甘于追逐别国的科研进度，选择为中国寻找到自己在这一领域的研究维度，张永莲在实验室，诠释着她对生活、对事业的追求。

张永莲快 80 岁了。

不笑的时候显得严肃，但一笑起来还像个小姑娘似的，两只眼睛在镜片后眯成缝。

市妇联的摄影师来给张永莲拍肖像，为求好看，随行而来的还有化妆师。"张先生，我们化化妆吧。"张永莲配合地摘掉眼镜，扬起脸来。眉刷从眉骨上扫过。张永莲说，"这是我 80 岁的人生里第一次化妆。"

张永莲睁开眼睛，看着化妆师调试腮红颜色，忽然说，"姑娘，你知道吗？刚刚你给我化妆的时候，我在想，等到我过世后，别人给我的遗体化妆大概是一样的感觉吧。既然这是我人生中第一次化妆，那么待会儿拍摄的照片，我要留着做以后的遗像用。"

年轻的化妆师愣住了，一时不知怎么接口。倒是见多识广的摄影师回头赞许道，"科学家是不忌讳的，张先生是真豁达"。

张永莲闭上眼，示意化妆师继续："是啊，我都想好了，死后不开追悼会，遗体捐献给医学事业之用。"她又睁开眼，拉着化妆师的手说："姑娘，你叫什么名字？"化妆师报上名字。张永莲轻轻重复了一遍，然后说："我会记得的，是你给我化了人生中第一次说不定也是唯一一次妆。我会记得你的。谢谢。"

张永莲再次睁开双眼时，化妆师打开镜子。镜子里，是淡扫娥眉的张永莲。褐色的眼影，添了红晕的脸颊，还有饱满的唇色。

她戴上眼镜，准备拍照了。

不能步人后尘

1957 年从复旦大学化学系毕业后，张永莲就来到了中科院上海生命科学研究院。在生物化学与细胞生物学研究所一待数十年，她的成绩有目共睹。同样的任务交派下来，她总是同事中完成得最好的那一个。

1983年，年近50岁的张永莲得到去英国帝国肿瘤研究基金会（I.C.R.F.）分子内分泌实验室进修的机会。在英国，她每天工作十几个小时，有时干到深夜回到宿舍，还要琢磨第二天的实验，甚至会为一个实验半夜起来再回实验室。在英两年，她两次胃出血，急诊住院后医生要求她手术治疗，但为了不耽误课题研究，她还是选择了吃药，略有好转就马上回实验室。

后来回想当时的感觉，张永莲说：自己真是觉得太紧迫了。第一次站在伦敦的大街上，她为自动扶梯而震动；第一次在伦敦的电器行里，看到微波炉而爱不释手。伦敦的现代化和发达，深深刺激了她的爱国心。"什么时候我们自己的国家才能建设得这样繁华呢？"、"我们真的在时间和发展上落后别人太久太久"。一种努力想赶超的劲头支持着她，夜夜挑灯夜战。

进修一段时间后，张永莲照例请同事们"提出宝贵的批评和建议"。在常规的溢美之词后，一位英国同事说了这么一番话："张，你有非常出色的技巧，也非常吃苦耐劳，但却缺乏创新精神。这似乎是你们中国科研工作者的通病。你们总能把已知的领域探索得全面，却不能开拓新的空间。这种性格和眼光，不会帮助你和你的国家走在科学前沿。"

如醍醐灌顶，张永莲一直记得听完这番话的感觉。之前她一直觉得"能出色完成任务"是自己引以为傲的特点，但在别人眼里，这却是缺点。

"我们不能重复别人的道路。"她开始思索，并最终把这句话记录在笔记本上——在国际科研的舞台上，中国的科学家不能赶，因为赶意味着总在步他人后尘。我们要超，要敢于竞争。

不畏创新努力求变

回国后张永莲带领一支队伍，选择了当时在国内尚处空白的"雄激素对真核基因转录调控机制"这一国际前沿领域进行潜心研究。利用当时最先进的知识和技术在启动子分析、基因上的顺式原件和细胞核中的反式因子的鉴定，以及反映染色质水平调控的核小体排列分析方面都取得了成绩。也因此，她很快在1993年后获中国科学院自然科学一等奖、国家自然科学三等奖。

但当事业刚刚进入新阶段的时候，张永莲又遇到了新的问题。

上个世纪八九十年代，许多科研人员纷纷离开岗位，或者去国外，或者下海经商。甚至张永莲本人，也多次接到英国、美国的科研机构伸来的橄榄枝。有承诺她全家移民的，有承诺接受她和整个科研团队的，也有开出极高的薪酬的。但张永莲一一拒绝。

"如果说从未动心也不尽然，因为有一点也曾吸引我，那就是当时欧美国家的许多仪器设备的确先进。但当年英国之行曾激发起我的好胜心还强烈地支持着我：我虽个人取得了一点成绩，但还没帮助我的国家走在这一领域的科研前沿。"

1998年起，张永莲开始尝试将她之前在分子生物学方面的所长用在附睾对精子成熟的作用机制的研究上。这一领域在国内几乎空白，在国际上研究人员也凤毛麟角。但附睾不仅在基础理论方面是研究基因转录调控最理想的器官，而且在应用上能为男性生育调控提供崭新的思路。2001年后，她与香港中文大学合作，发现一个附睾特异表达的新基因既能抗菌又能起始精子的运动。

随着一项一项成绩获国际认可，张永莲感受到了这一领域里，中国科学家学术地位的变化。她第一次受邀参加国际附睾大会时，曾完全跟不上别人的节奏；但到2006年，张永莲和同事们已站到了国际前沿。2010年第5届国际附睾大会在上海召开时，张永莲被推举为第6届国际附睾大会主席。

不忘踢毽子的韧劲

少女时代,张永莲身体羸弱。有很长一段时间卧床。读小学时,她每天早晨起床,需父母搀扶,像只小虾一样,一节一节慢慢起身。当时家长十分愁苦,不知带她看了多少医生、吃了多少药,后来听人介绍,决定让她通过体育锻炼健身。

当时女孩子们凑在一起,喜欢踢毽子,但张永莲什么花样也不会,渐渐伙伴们也就不愿带她一起玩耍。张永莲就央求母亲用公鸡羽毛为她做了一个毽子,在家偷偷练习。有一天,她再和小伙伴一起玩时,大家惊讶地发现,她每一个花样都会踢。在大家的欢呼声中,她感受到了无比的快活和骄傲。

她当时就树立了一个念头:别人做得到的,我只要努力,也必能做得到。她说,当英国同事向她提出诚恳批评的时候,当她第一次受邀参加国际学术会议的时候,当她遭遇事业瓶颈的时候,这个少女时代的场景就会出现在眼前,鼓励她去克服一切难题。

70 岁之际,张永莲又着手开创新事业。这一次,是希望更多的年轻人能一起为我国的生殖生物学研究和应用冲向世界前列而努力。2007 年,在市科委的支持下,她力推成立了上海市分子男科学重点实验室。目前这个实验室已从两个研究组发展至 12 个研究组,开展精子发生和成熟过程中表观遗传机制的研究。"我们试图掌握生命起源的奥秘。这在国外,也只是个别实验室刚起步,而我们则是一个团队,全部都是年轻人。这个实验室现在已发表 SCI 论文 52 篇;获得国家级和省部级项目 60 多项。当年曾力邀我去外国机构的科研人员,现在反过头来羡慕我。他们说:'张,希望和未来在于你们。'"

对话

回顾过往，您在学术上赢得了许多奖项。但环顾您的办公室，却没有看到任何一个奖杯陈列。对您自己来说，哪一项奖项您最为看重？

说来你别笑，我所最看重的荣誉，是孩提时代的毽子。

毽子？

对。我小时候体弱多病。有很长一段时间卧床。读小学时，每天早晨起床，需要父母搀扶，像只小虾一样，一节一节慢起身才行。当时家长十分愁苦，不知道带我看了多少医生、吃了多少药，后来听了教师的介绍，决定让我通过体育锻炼健身。可是我十分羸弱，和小伙伴一起参加体育活动。当时女孩子们凑在一起，喜欢踢毽子，可是我什么花样也不会，她们也就不愿意带我玩耍。后来，我就在家偷偷练习。有一天，我再和小伙伴一起玩时，大家惊讶地发现，我每一个花样都会踢。在大家的欢呼声中，我感受到了无比的快活和骄傲。

后来不论遇到什么困难，学术上遇见什么难题，我都会想起自己独自在家踢毽子的时刻。不管得到什么荣誉、获得什么奖项，我都会自然而然想到小时候小伙伴们的欢呼。

这样的童年经历贯穿您一生。如同里程碑？

是的。我觉得教育学家可以研究一下，这样的童年经历，对一个病中的、自卑的女孩有多么重要。足可以改变一生。

我虽然身量矮小，但后来竟然能学习打篮球。进入大学后，还敢代表复旦大学校队参加全市大学生的比赛。这其中的内在力量，都来自少年学会踢毽子那一刻带给我的巨大的激励。我当时就树立了一个念头：别人做得到的，我只要努力，也必能做得到。

这样的不服输，也体现在您的学业上吧。上个世纪 50 年代，女孩子接受高等教育已属凤毛麟角。您能够进入复旦大学读化学系，在同辈的女孩子中也属于特别。

说到这个，不得不提我的家庭。你说我在我的年纪成为大学生很少见，殊不知我家里一众姐妹、表姊妹都是大学生。我的外祖母在她这个年代没有机会接受教育，是她终身遗憾。所以她非常坚持一定要让她的女儿接受好的教育。我的舅舅们读了几年书后，都按照家里的安排去做生意，而我的母亲和阿姨们都读完了高中。

许多人觉得女人嫁得好，一生富贵无忧就是幸福。为何你们家在经济富裕时，就如此强调女孩的教育？女生受教育的意义何在？

我小时候父亲从事皮草外贸生意，家境优渥。但长辈无一例外，要求我好好读书。其实当时受教育的人不多，更何况是女孩子，一般家里的女儿只要能识字就很不错。但父母坚持我要受高等教育。

我想，这也源于我外祖母的教育。她让包括我母亲和姨妈在内的所有女儿都接受教育时，别人都嘲笑她，"姑娘是别人家的，只要嫁得衣食无忧就可以了。为什么要花钱让她们上学？"我外祖母回答说：不论贫富，女孩子受教育才有尊严。我的母亲由此成为她同辈人中最有文化的女性，同时她也将这样的家风传给了我。

女孩也好，男孩也好，人生一世，不能仅为钱财而活。我觉得外祖母要求家族中的女孩都受教育的初衷，倒不在于将来要我们建功立业，而是希望女孩子能对自己的人生拥有更多的选择权、更多的把握力。

受过教育，才有自立的立足之地，才有能力去发掘自己的兴趣；受过教育，才能找到自己追求的事业，才能推动社会有所进步，这难道不是一个人生活的意义所在？

我幼年家中殷实。而随着时代的变迁，我见到家中发生变故，经济走入颓势。父母将我送到外地亲戚家寄居。我本来从小有无数新衣服穿和美丽的首饰，至此再也没有了。在这样的境遇下，我之所以能振作，正是因为教育带给我自立的能力，教育给予我尊严，而这是外界的变化夺不走的东西。

因为我读书成绩好，我得到了寄居亲戚的重视和尊重，也最终考大学回到上海，并一路走到今天。教育教会我思考的力量，让我不会轻易用外界的标准衡量贬低或者看高自己，这对一个女人来说，才是最弥足珍贵的财富。

这也是你对时下女孩的建议吗？

其实如今的世道中，也有许多我看不懂的东西。比如：现在有的女大学生，为了金钱可以甘愿被人包养；有的女白领，明明有自食其力的能力，却愿意做"大叔"的"小三"。尊严何在？

她们年纪轻轻，或许自以为聪明，以为自己走了捷径，可以省却许多操劳。但其实人生路上，哪有什么捷径可走呢？在年轻的时候没有付出的代价，到了老年也会以别的形式付出的。我相信天道酬勤，也相信一份努力一份收获。唯有脚踏实地的成果，才能叫我安心。

从封建社会到今天，经过多少人付出鲜血和生命的代价不断的努力和争取，女孩子们才有机会走出闺阁，离开厨房，到学堂受教育、和男性一样拥有同工同酬的机会。这样的机会，现在有的女孩子竟然不知珍惜，我倒是时常为她们感到惋惜。

女生受教育，并在工作领域有所建树，也会带来新的问题。比如时下受人关注的"剩女"问题，还有一些成功女性难以平衡家庭和事业带来的系列问题。做女生难，做个职业女性似乎也着实不易。

在我年轻的时候，受过高等教育的女生凤毛麟角。但我也从来不害怕"女博士"嫁不掉。事实上，我的丈夫就是我大学时代的同学，之后又同是中科院的同事。如果我不读书，反而没有机会结识他、与之组成家庭了。我觉得一个女生只要找到自己的定位和兴趣，必然也能在追求自己人生的道路上，找到志同道合的伴侣。

至于如何平衡家庭和事业，我想是个分时分段的问题。比如刚刚工作的时候，自然是以事业为重；但在冲锋事业的阶段，也需要家人能够体谅。我结婚后十年都还是一心一意工作，但生下女儿后，我也全心全意照顾她。我动手能力强，女儿年幼时，我常常为她梳不同的发型，还给她剪裁各种各样的衣服。我记得有一次我们走在淮海路上，路人请我们停下来，因为对方觉得我女儿当天穿得毛衣十分好看，想问在哪里有卖。女儿当时很自豪地说："是我妈妈自己编织的。"我想，我也带给她很多快乐吧。

我不认为一个女人一定要日夜绕着家人围着灶头转，才是好的妻子和母亲。我在事业上努力克服困难，取得成绩，我到了现在的年纪还在不断探究新的知识、一直保持学习的热情，这些对于孩子也是言传身教的激励。

母亲，是目送孩子成长的人，但孩子，也是模仿母亲成长的人。母亲如果牺牲一切去扶持孩子，只会给他们徒增不必要的压力。母亲如果自己自尊自爱自立自强，孩子想必也不会过得差劲。我想，这样的道理，对夫妻之道、亲子之道，都是相通的。

我出国进修的时候，女儿年纪还小。我当时在英国拼命省下饭钱，买了一台当时国内还未问世的微波炉，寄回国内给女儿。一来是希望提高她的生活质量，二来也是希望勉励女儿，要去了解这世界上的先进科学技术。如今我的女儿女婿都事业有成，我很为他们高兴自豪。

回望一生，我不觉得女性的身份对我而言，是一种制约。心里怀着梦想，我就能够走得更远。

采访手记

"如果颜色不 match，我宁可不出门。"张先生说。

细细一看，她穿得十分朴素。但黑色羊绒毛衣上缀着不起眼的红点点，和翻出来的红色衬衫领子正好呼应。下身穿灰色长裤，配上黑皮鞋，端庄又不显沉闷。的确是符合身份和年龄的着装搭配。

"没有办法啊，"她说，好似诉苦，也似抱怨"小时候学会的东西，就是忘不掉呢。"

少女时代，张先生是家境优渥的大小姐。从小父母就请了家政老师上门来教她礼仪。如何坐如何立，如何待客，如何布置家居，一一手把手教过，当然还有最最重要的课程，如何搭配衣物。富裕的时候，怎么搭配也是好的。家里和洋人做皮草生意，西式的时兴的贵重的衣物，是张先生少时最不稀奇的家什。但当时代变迁，家里经济下滑，昔日的皮草珠宝绸缎都不复存在。昔日的教养更浮现出来。

即便到了文革时期，张先生还是坚持，要把衣服鞋袜的款式颜色搭配好了，才肯出门。

是的，即便在那样困顿的时候。"我穿着白衬衫和灰裙子，也是和别人不一样的。"她不动声色地扬了扬下巴。

张先生小时候上过教会学校，参加过唱诗班，颇通音律。

"我也不是特别的古典乐迷，但对巴赫、斯特劳斯这些大家的作品还是很喜欢。"她说。家里曾有唱机和唱片。"听古典音乐的时候，觉得整个人的灵魂都变得更好了。"

但到了文革，所有精神的享受都被剥夺。唱机被没收、唱片被砸掉。看着家徒四壁，张先生做了一个决定——她去买了一把夏威夷吉他。"我总想着，你们不让我听。我就自己学会了去弹啊。"

她没有放弃。她不是一个放弃者。即便她已经快 80 岁，但讲起当日买乐器的决定，还是义无反顾。好像那是天底下最自然的事情——如果此路行不通，便必能有另一条通衢。要么寻找新路，要么开一条新路。

"你知道等我真正退下来会做什么吗？"她伸展双臂看着自己的一双手，"我的眼睛是不太行了，但手还灵敏得很。"她眨着眼睛补充"不然我怎么那么会做实验咧"。她说，"等到我退下来回家后，我会去弹夏威夷吉他。说不定我还会买一台编织机做衣服，现在商店里卖的衣服不够有格调，不符合我的审美。你不要看我 80 岁了，我要做想学的还有很多很多。"

工作总有退休的一天，但生活哪里有结束的时候呢？她说，我肯定会活到老、学到老。

（沈轶伦）

王丽萍：如果我们连美好都不相信了，我们还相信什么

王丽萍，1963 年生，国家一级编剧，出生于浙江杭州，毕业于南京政治学院新闻系，现供职上海电影集团公司。主要代表作：《双城生活》、《错爱一生》、《保姆》、《婆婆媳妇小姑》、《媳妇的美好时代》、《我家的春秋冬夏》等，得到观众一致好评。2014 年 5 月在东方卫视等电视台热播的新剧《生活启示录》占据了各家电视台的收视率前三甲。

她还担任中国电视剧编剧工作委员会常务副会长，中国电视艺术家协会电视编剧专业委员会副主任，上海电视艺术家协会副主席等职务，是国内电视剧编剧的代表人物之一。

王丽萍的作品以平凡的视角表现当代中国人的生活，被冠以"温暖"、"美好"的标签，深受好评，连连获奖。其代表作《媳妇的美好时代》获得第四届东京国际电视剧最佳海外电视剧奖，并获得中国电视剧最高奖飞天奖、金鹰奖等。个人获得飞天奖优秀编剧奖，上海电视节白玉兰最佳编剧奖，中国电视剧 20 年突出贡献编剧奖，全国十佳电视剧文学原著奖，亚洲编剧大会"亚洲文化贡献奖"，国剧盛典最佳编剧奖，上海文艺家荣誉奖等。王丽萍还获得 2013 年全国德艺双馨电视艺术工作者称号，2014 年度的全国三八红旗手荣誉。

王丽萍被媒体和观众赞为"金牌编剧"，美国《哈佛评论》第一位采访的中国编剧就是王丽萍。面对诸多赞誉，王丽萍只是一笑而过，她说更愿意被称为"一名文字的记录者"。她说，"最能证明自己的是作品，观众对作品的认可是对自己的最大鼓励。"

2014 年 5 月，全国热播的《生活启示录》，再次把王丽萍推到了媒体的聚光灯下。在连轴转的忙碌中，王丽萍抽空接受了笔者的采访。在徐家汇的王丽萍工作室里找到她，只见她平静谦和，

声音轻柔，衣着简洁知性，人如其文，真实而有亲和力。

知道笔者到来，王丽萍特地到楼下星巴克买来了咖啡，分给我和办公室的同事后，还不忘给还没来的助理留一杯星冰乐在冰箱中。"每天我都要和导演等同事们就剧情展开激烈的辩论，经常从上午'吵'到晚上，互相挑刺，不断完善剧情，直到大家达成一致意见。"尽管如此，却从没有一位主创人员离开王丽萍，大家在几年的共同"战斗"中结下了深厚情谊，成了"一家人"，都喜欢上了王丽萍工作中心直口快、生活中却温柔内敛的个性。

闫妮和胡歌担任主演的"姐弟恋"再度掀起了收视率的高潮，自开播以来在各个电视台的排行榜上稳居前列。

"这个世界上总有那么一个人，是你的念想，是你的温暖，就算她不远不近，但只要想到她，就会觉得安定，觉得踏实，觉得心里有底，甚至连周围的空气，都变得笃定。"

"如果你能爱我几年，那将是我的幸运。如果你能爱我一生，那将是我的命运。如果你不爱我了，我依然感谢你。在我生活最糟糕的时候，遇见最好的你……"

和过去不少"宫心计"的家庭伦理剧不同，这样的平淡却耐人寻味的台词频频出现在剧中跌宕起伏的剧情中，让不少观众怦然心动，甚至潸然泪下。演员闫妮告诉王丽萍，"昨天一位朋友看到电视剧里打电话给我，说她看了这部戏很想哭，剧里的的台词说，再困难的时候，这世界上总会有一个人在支持你，朋友说自己哭了。"

事实上，电视剧每天播放的时候，王丽萍都收获着观众们对自己作品的"好评"，一则评论则称该剧促成了"偶像生活剧"的诞生，成为罕见的"高点击、零差评"的电视剧。

王丽萍说，自己创作的剧本都不是"空穴来风"，而都是在现实生活中积累的，这个剧本也不例外，这个故事的蓝本源于她听到的一个真实"姐弟恋"的故事，但这个故事的结局并不是美好的。相反，它是激情褪去后的一地鸡毛。"当时仅仅听她说，我就觉得非常精彩，很适合写成剧本。"

但是，有现实基础并非意味着就可信手拈来写成剧本，如果只是为了"夺眼球"、争收视率，写成"狗血剧"是最方便不过的事。但王丽萍却希望赋予电视剧更多的文学内涵，让观众们在"追剧"、享受剧情的同时，也能留下些对生活的思考与感悟。

在电视剧在试片时，有些观众和业内人士等提出电视剧节奏慢了点，应该更紧凑"抓人"些，可能更有利于收视率。"要抓收视率其实不难，有很多技巧可用。比如一开始，就可以让于小强(女主角)演抓奸在床的戏。"但王丽萍却没有为收视率走"雷剧"路线。对于丈夫的出轨，于小强是从丈夫外套上的一根头发开始，通过照片曝光、上门追踪调查，最后通过丈夫衬衫上的备用纽扣细节，丝丝入扣，一步步将观众逐步带入戏中。

和许多"吵闹剧"不同，于小强在离婚时不吵不闹，冷静选择净身出户，维护自己的尊严和清白，也为下一步"姐弟恋"，奠定了基础。"这样理性自尊的女性，难怪弟弟们喜欢。"王丽萍如实评价，也正是如此，原本外表年龄差异很大的"姐弟恋"经过剧情层层铺陈展开后，观众由原来的意料之外变为情理之中，体现了很强的生活逻辑合理性，也让人物个性深深地烙在了观众心中。

"我希望电视剧不要唯收视率是从，不妨放慢节奏，娓娓道来，给电视剧注入一些文学的东西，让剧情更体面一些，风格更清新一些。在我看来，电视剧的品牌、品味，比收视率更重要。"王丽萍如是说。

坚持原创：生活是最好的"接地气"方式

《生活启示录》正在热播，王丽萍实际上已经开始酝酿下一部电视剧的写作。在笔者走入她工作室的时候，她正和导演们谈得热火朝天。

每要讨论一部新剧的时候，在王丽萍的工作室，有一块小黑板是要每天换的，因为上面密密麻麻写的都是王丽萍和导演、副导演等为剧情激烈辩论的思路、想法，经常是从上午10时"吵"到晚上10时。王丽萍会将自己构思好的故事和盘托出，导演们则会"挑刺"，不断地提出对剧情的质疑。一次次推翻、重建，直到最后大家达成共识。"我一般会花两个月时间在人物塑造上，谈透了再闭关写作。"

在衡山路的一家咖啡馆里，老板每天都会留出一张桌椅，等待他的老主顾王丽萍。从1999年作为特殊人才引进到上海之后，王丽萍写作最常去的地方就是这家咖啡馆。窗外匆匆过往的人群，身边进进出出的顾客，在王丽萍看来，仿佛都藏着故事。老板偶尔凑过来聊上几句，诸如给她看钱包里女儿的照片，王丽萍也从朋友的点点滴滴里，解读上海风情。

王丽萍喜欢在这种市井与高雅交融的地方静下心来写作，这可以让她细细品味人生百态，然后将它们融进自己的故事里。"做有心人，脑子永远处在开机状态"，是她对自己一如既往的要求。

无独有偶，写作《来自星星的你》的编剧朴智恩一样喜欢在咖啡馆写作。尽管王丽萍已经名声鹊起，但仍保持着学习充电的习惯和对创作的敬畏之心。王丽萍曾特地赶到韩国，在首尔的一家咖啡馆采访了朴智恩。两人一见如故，一谈就是3个小时，这也是朴智恩首次接受国内人士的采访。谈创作过程，谈写作习惯，两人非常投缘，发现了许多共同点。

比如，王丽萍的小拇指关节因为写作而变得有些畸形伸不直，总是容易上翘着；朴智恩说自己也是如此，"有时候手指还会痛。"王丽萍说，"我的颈椎不是很好。"朴智恩说，"我也是，去过医院看颈椎，医生都问我是做什么的，硬得像石头呢。"

王丽萍习惯清晨写作，"我觉得写作是场马拉松，我每天至少写4个小时。"碰上赶写新剧的时候，强度更大，她常常自嘲："我自己都佩服我自己，怎么能每天写？这太恐怖了。"朴智恩说，赶剧本的时候，她有时候就在沙发上睡觉，怕睡过头。

近10年来，王丽萍以每年平均一部作品的速度和时间赛跑，而且，坚持原创、走现实主义题材道路是她对自己提出的一贯创作标准和要求。为了让原创作品更"接地气"，她曾在合肥广播电台曾做过5年的夜间节目主持人，"每个周末，打进电话来的人都很真诚，很多观众会把自己家的故事毫无保留的告诉我，让我了解到最新、最多的社会热点和观众的情感波澜，对我的创作积累了非常扎实的素材。至今我还保留了3大箱听众给我的来信。"后来到了上海，她连续多年担任上海电视台《相约星期六》、《案件聚焦》等法律和情感节目嘉宾，很多上海观众在街上还经常认出她来，很多电视剧的桥段都来自生活中的真实情感故事。"可以说，我没有一天离开过生活。"

为了写作《保姆》的剧本，她甚至放下身段，体验了一把钟点工的生活。日常生活中，她也会时时做个有心人，保持一颗童心和敏感，看见好玩的有趣的故事马上记下来，朋友们很有趣的对话，也随时记下。"我认为，好的编剧一定是有心人，一定对生活保持着激情和敏感度。"

虽然写的都是普通人的现实主义题材，但"接地气"的同时，王丽萍还希望自己的作品具有文学性、艺术性。为此，她每年再忙也会抽时间走出去，如写作《双城记》前，她拜访了狄更斯故居；写作《生活启示录》时，她去了奥斯汀曾经居住过的住所，现在是一家博物馆；她还计划去莎翁故居继续吸取文学养料，感受文化气息。这也让她的作品虽然充满生活气息却不流于世俗，虽然来源于生活却高于生活，凝练了对生活的思索与感悟，让观众在观赏之余仍有所回味。

坚持真善美，坚持电视剧艺术性

上海文广集团副总裁任仲伦曾这样评价王丽萍："温暖而美好是她的美学风格，她的作品像河一样流淌着，她是一个温暖的现实主义者，而且是上海最典型的现实主义者，这也是一种精神。"

这样的温暖的现实主义写作方式，是否和王丽萍的个人经历有关。王丽萍出生在军人家庭，母亲是一名老师。还在她小时候，母亲就发现了她的文学天赋。在小学二年级她就会看书看得泪流满面，母亲为此给她订阅了大量书刊杂志。王丽萍清楚地记得，有一次，订完当年报刊，母亲当月工资只剩两元钱。

但王丽萍坦言，其实自己的成长经历并非一帆风顺，也曾经历过高考落榜的打击，但她拒绝复读选择参军。参军第三年，就以全军战士学员第一名的成绩考上了南京政治学院，学习新闻专业。

虽然对于一名编剧而言，王丽萍并非"科班出身"，但学新闻、从事新闻工作的一段经历却为她了解社会、捕捉受众的兴趣点奠定了良好的基础。因为遇见了生命中的"另一半"，已经在《北京军报》实习两年半的王丽萍放弃了很有可能留京的机会，跟随先生来到了安徽。

在安徽日报社，王丽萍没有放弃笔耕。她的公公是鲁彦周——电影《天云山传奇》的编剧，给了她许多专业的指导。"我不会做家务，但我公公婆婆都对我非常好，我可以说是从一个好的娘家进入了一个好的婆家。"

在报社，她同样遇到了伯乐。"我特别感激当时报社的总编辑王鸿老师，他曾经说过，不要要求王丽萍像其他记者一样天天来上班，将来安徽日报会以出了王丽萍为荣。"就这样，王丽萍成了报社里唯一一周只需来上两天班的人，这也为她的创作争取了大量宝贵的时间和空间。

同时，这种温暖而美好的美学风格也不是一蹴而就的。王丽萍从不避讳谈自己写过的"狗血"剧情，一上来就"开枪"命案、悬案、下跪、狮吼，无奇不有，写到最后，连她自己都觉得反胃。那时的她，盲目地以为戏越激烈越会有观众缘。还有些她自己都不愿提及的作品，"一看就是想象力到头的东西，那时候写戏就是想赚钱，想出名，功利的东西多了点。"

尤其是刚调到上海的那几年，王丽萍心直口快的性格让她难以马上融入周围的环境，没有朋友，而父亲的去世又给了她很大的打击，让她陷入了事业的低谷期。"当时人特别急躁，关起门来闭门造车，那会儿写的剧本现在都不愿意提，故事完全是编出来的一点没有质感。当时很迷茫，每天早上一起来打开电脑，不知道自己要写什么，定一个题目往下写，感觉就是我在安排他们相遇相爱分手，就像做功课一样成为一种单纯的劳动。后来出来的作品我自己都觉得很差，可谓'烂戏'。当时我的有个老师给我打了一个电话，因为他看我的剧觉得不好看，生活中是非常需要有人在你浮躁的时候给你当头棒喝。"

于是，大约有一年多时间王丽萍没写作，把自己清空，跑了很多地方，收集材料去感觉生活，那会儿就特别想写一个从小到大的人物故事，就有了《错爱一生》。这成为王丽萍创作生涯中的一个重大转折。"我花了近两年的时间采访，之后不受干扰、不签任何合同、专心去写一部戏。其实只要多了解生活、关注现实、现实题材的电视剧也并不难写。"后来很多电视剧都模仿了这部剧的剧情，引发了一系列"丢孩子"的影视作品热潮。

到构思《媳妇的美好时代》时，母亲的一句话让她豁然开朗，母亲说："你就不能写点让人高兴的事儿？看着让人乐呵的，成不？"

"狗血桥段生活中肯定每天都在上演，但美好带给人的感动更有力量，如果我们连美好都不相信了，我们还相信什么？"王丽萍说。在此之前，她每年应投资方邀约才动笔写作，《媳妇的美好时代》不同，她不做命题作文，能不能卖个好价钱无所谓，她完全由着自己的心性去写。"我不想被打扰，就想单纯地写自己想写的东西。"

写到第 27 集，王丽萍才拿着剧本寻找投资商。在一次和华录百纳总经理刘德宏谈起这个剧目时，刘总一听剧名就已经兴奋不已，因为在当时，满荧屏都是苦情、虐心、狗血。

"从那以后，我开始独立写作，我来挑选投资商，选择合作伙伴，我不想被束缚。"后来的《双城生活》、《我的美丽人生》等等，王丽萍都坚持美好而温暖的创作风格，她的戏也成为影视投资人眼中稳赚不赔的项目。

尽管被冠以"金牌编剧"、"收视率的保证金"等封号，但王丽萍却认为，"电视剧要看收视率，但也不要太把收视率当回事。"她编剧的《我的春秋冬夏》是讲述黄昏恋的，她认为随着社会进入老龄化，应该更关注老有所依、老年人的生活状态和话题。但是，对于电视台而言，往往对老年人题材很不"感冒"，但王丽萍认准了有意义的事，就坚持走自己的路。为此，她和合作伙伴一起共同做了这个项目。结果该片上映后，收视率很高，因为这样的题材不多，有新意。《我家的春秋冬夏》还获得了2013 年度中国电视剧编剧工作委员会的优秀剧本奖，东方卫视收视率贡献奖。2014 年 4 月，《我家的春秋冬夏》在美国中文电视台播出，王丽萍在纽约接受记者采访时说，希望有更多的中国电视剧走向世界。

也正是因为"不在意"外在的东西，王丽萍的作品在热播的同时，往往引起了强烈的的连锁反应。《双城生活》引导了话题剧的产生，《生活启示录》开创了偶像生活剧的诞生等。

编剧之外：爱工作也爱公益

在快节奏的编剧工作外，如今的王丽萍还承担了很多社会职务，包括中国电视剧专业委员会副主任等头衔，但她仍主动承担了许多社会公益活动，希望用自己的能力和影响力为更多人起到有益的影响。

汶川地震的时候，王丽萍第一时间拿出她的稿费、捐助灾区；2009 年，她以零片酬组织团队，和上海电视台一起拍摄了普法系列电视栏目剧《十四楼》，为社区老百姓宣传法律常识，很受观众好评。平时，王丽萍还常常到火车站等地去当义工，帮助他人。同时，她还乐于在社区和街道，用自己的编剧优势为社区的文化建设尽心尽力。她还义务但任某街道的艺术团名誉团长，为社区的文化事业贡献力量。

2012 年 3 月，她应新加坡国立传媒学院邀请，为新加坡的业余编剧讲课，讲了一周课后，王丽萍又给 50 多个学生批改作业，不厌其烦给他们点评。2012 年 6 月，王丽萍培养的 10 位新加坡、马来西亚编剧，来到了上海电视节，做了一场"华语电视剧剧本推荐会"，在电视节上引起很大反响。这也是上海电视节举办至今，做的第一场剧本推荐会，来自全国十几家顶级电视剧公司当场跟学生面对面谈剧本，并有学生跟制作单位达成合作意向。王丽萍高兴地说，作为带他们的老师，我一是希望他们可以成功，二是我希望用此举告诉大家，中国的电视剧很有吸引了，这样就可以吸引更多的人来看、来写中国电视剧。

已经成为著名编剧的王丽萍不但独乐乐，还希望"众乐乐"，为培养中国的编剧人才贡献力量。她曾经在北京师范大学、北京电影学院、上海师范大学、上海戏剧学院等大学给年轻编剧讲课。在她的倡导下，成立了上海影视四季沙龙，请来上海、甚至全国的顶级电视剧编剧、导演等，为年轻的编导、导演现身说法，活动还将走向国际，希望帮助中国年轻一代编导人员成长成才。

对话

在创作中，你有没有遇到过不顺利的地方？

有过低谷的时候，2000年到2003年，基本上这么两三年的时间，处于瓶颈期。那段时间我有一种恐慌，跟现在很多写字的人感受一样。比如，对着电脑我会发慌，写什么啊？有一点关起门来编故事的感觉，为编而编。

后来我突然开窍了，或者说视野打开了。我曾经和张国立老师有过一次很好的交流，就是有一层窗户纸给捅破了。张国立讲的那句话特别到位，他说他也演了很多戏，可他真正在演戏时捅破窗户纸的时候是演一个出租车司机。演出租司机，他要开车，那会儿还是手动档，而且他旁边坐着客人，他又要跟客人结账，又要写票……就这会儿他已经忘记机位的存在了。（通常情况下）演员会惦记着摄像机正对着我。他忘记（机位）的时候，就是他进入"不是表演的表演"的时候。那场戏演下来，他就突然觉着一层窗户纸点破了。

我2003年之前完全凭激情（写作），像《岁月如歌》和《婆婆、媳妇和小姑》，靠着激情和一点点天赋的成分。最初的激情可以做很多事情，就像恋爱初期一样，但这个激情过后呢？当你过了这个阶段，你的剧本和创作再往上走的话，是有一层纸的，这层无形的纸，你不知道它在哪里，但它真的有。你很苦恼，你对着电脑，不知道写什么。再短的篇幅，你也会拖延时间。

你的作品源源不断，一部接着一部，是什么激发了你的创作热情？

写字的人都有过这种感受，如果你有困惑的时候，不到明天最后交稿，你今晚（是）不会开夜车的。这种情况我总结下来有两点：一个是你准备不足，就像考试。我数理化非常差，每次考数理化，我都吓死了。但我语文好，所以每次考语文，我巴不得考三小时四小时。这与写戏一样，如果这个戏你准备得特别充分，你每个案子都做得特别完整，你就不怕写。

还有一个就是你够不够喜欢，就是你是不是发自内心地爱这个题材。比如这个人你非常喜欢，你一气呵成就写完了。如果不够喜欢，那你就是在完成任务。那么这个心态反映在创作中，就是你真诚地在创作作品，还是被迫地去写？当你初出茅庐还是个小编剧时，你没有更多的选择，影视公司说它有个题材，你就屁颠颠去了。你有一种不是自己原创作品的感受。

从《错爱一生》开始，那层窗户纸被捅破了，我全是在写自己想写的东西，没有应命文章。我准备充分，采访了很多，我觉得非常有乐趣。那个剧本非常好，导演梁山、演员韩雪，我周围所有人都喜欢。现在快十年了，大家对韩雪的印象还是停留在这个剧里，对这个角色津津乐道。从那以后写的很多剧本，包括我接下来要写的，每一个都是我要写的。

电视剧不可避免要涉及到收视率，可看性和艺术性你会更看重哪个？

我会选艺术性，主题思想深刻的、人物表演精湛的。因为现在市场上粗制滥造的电视剧非常多。

你创作了很多家庭题材的电视剧。作为一名成功女性，你怎样看待家庭中的夫妻关系，以及家庭教育？

在我看来，婚姻不但需要感情基础，也需要妥协，既然接受一个人，就得接受他的优点和缺点。比如我的先生特别喜欢收集无线电，不但"烧钱"而且占地方，我虽然不喜欢但也得接受，因为这是他的爱好。

女儿现在就读研究生，在国外读书时就靠自己打工，做同声传译付学费。从小我就支持她做任何想做的事，尊重孩子有自己的空间，实现自己的人生梦想。同时，我也告诉她，虽然家庭条件比较优越，但再大的光环也只是光环，最终能证明自己的只有自己的能力，要让自己变得优秀起来。而且，我一直教育她做人要低调，我几乎从来不去她的学校看她，她的同学基本上都不知道我是她的母亲。

对于教育，我认为言传身教非常重要。我记得家庭每个成员的生日，每逢生日给他们送上小礼物等。女儿长大了走到世界各地，也都会给我寄明信片，这是一种很好的传递亲情的方式。女儿第一次打工的钱就分给家里所有人一份，表达自己的一份心意。

前两天，我连续三天回家特别累，回来看到女儿在家买了一束花，心里特别温暖欣慰。幸福就在于这生活中的点点滴滴细节。

请您从一位成功文艺创作工作者的角度，谈一谈您的中国梦？

《生活启示录》播出后，未来几年我还计划要写三部作品。我采访渡边淳一时，他说任何年龄都可以开始写作，这给了我很大的激励。我还想写一部大戏，跨度很大，需要很长的准备工作。

我还有个梦想，我当了14年的兵，却从没写过军旅题材的作品，未来三五年后将完成。我认为中国梦落实到个人来说，就是认认真真做事、踏踏实实做人，用自己的力量帮助到更多的人。

采访手记

采访王丽萍，最大的感受就是她对事业的不平常执着，和对人对事的平常心。在王丽萍的微信上，有这样一段话："用心去做，有收获，当礼物；若无，也正常。写剧20年，先拿失望垫底，再期待，希望之光。"

几句简单的话语也勾勒出王丽萍的独特性格和人生态度。有时候，王丽萍很"纠结"，为了好的题材，可以"潜伏"采访几年；创作的作品常常让专业人士、观众先"三堂会审"，不改到满意自己这关就过不去。但有时候，王丽萍很"淡定"，碰到再大的困难，在和她一起工作的团队同事看来，她都是"定海神针"，"没有什么过不去的坎，总有一个人会给你未来无数的可能。"这是王丽萍剧本里的桥段，也是她生活常常劝慰大家的话语。

王丽萍说，她心中比较完美的女性，就是在成长过程中，会变得特别宽容和大气，而宽容源于她对生命的一种透彻领悟。一个宽容的女性，会让她在事业上发展得更加顺利，在生活上获得更多的幸福。女性生活质量的高与低和她在生活中计较多与少有着很大的关系。"对什么都在意，生活格局会越来越小。"

文如其人，文传心声。由于心存宽容、心存感恩，记者深深感受到，王丽萍的笔下也流淌着温暖、善意。她善于从生活中发掘很多小细节，找寻许多小乐趣。她喜欢收集各种漫画、各种各样的杯子，走到世界各地看到喜欢的都会收藏起来，闲时欣赏把玩。她喜欢结交各种各样的朋友，朋友打开了她人生的一扇扇窗口，她也将快乐和人生感悟撒播给了更多的观众。

在她的剧里，观众们很少看到那些阴暗和龌龊的东西，她总能发现生活中的美好一面。对此，王丽萍说，"我不说，不代表我天真。正因为世事中有很多不如意，我们才要创造美好。我希望能尽我所能，让大家看到人性美，坚定大家对美的憧憬，对善的信心。"

她自己是这样想的，也通过呕血创作的作品将暖意和温情带给所有电视机前的观众们。在浮躁而喧嚣的现代社会，这样的从容如一缕海上清风，沁人心脾。

（宋宁华）

刘美娟：对我来说，中国梦就是巾帼梦

刘美娟，1958 年生，原宝山区妇联党组成员、副主席，分管妇联维权工作。近年来，宝山区妇联的维权工作首开先河，出亮点、出成效，形成了具有鲜明宝山特色的维权工作品牌。宝山区妇联不断创新工作方法，将"传统"与"现代"结合，坚持为女性维权，将"婆婆妈妈"做出新水平。 尤其在"知心妈妈"女性常信访户结对安抚工作上全身心投入，受到中央信访督导组和市、区领导及有关部门肯定，得到时任市委书记俞正声同志的肯定和批示。

2012 年，宝山区妇联开通了"知心妈妈"服务热线。热线一端连着全区需要帮助的妇女儿童，一端是知心妈妈。这条热线一天 24 小时开通。该项目是上海市妇联作为"社会协同"力量，联合专业机构参与化解矛盾的积极尝试。

刘美娟在"知心妈妈"与困境妇女结对安抚工作上全身心投入，耐心地为求助者免费提供政策咨询、法律服务、谈心沟通、扶贫帮困、紧急救助等服务。在法律和政策范围内，尽一切努力帮助她们解决问题。

刘美娟 2008 年获上海市平安建设优秀组织者，2010 年获上海市平安建设优秀组织者，2010 年获上海市优秀信访监督员、2011-2012 年度全国三八红旗手，2012 年获宝山区人民政府嘉奖三等功等荣誉称号。

在路上，有时会看到一些花白头发的老人，举着牌子，身上带着大把的材料，甚至拿着喇叭声嘶力竭地喊着，他们大多神色黯淡，衣着邋遢。对于上访户，很多人避之不及，惟恐湿手粘上干面粉，甩也甩不掉。但宝山区妇联副主席刘美娟带领妇联"知心妈妈"们主动跨前一步，去了解那些处于困境中的老年妇女的

诉求，给予心理慰籍，引导她们合理表达。在法律和政策范围内，尽一切努力，帮助解决上访户问题，啃下硬骨头中最硬的骨头，拔下钉子户中最顽固的钉子户。

老妇人带了铺盖卷躺在区政府门前

2011年国庆假期过后第一天上班。宝山区政府门口躺着个人，身后还带着个铺盖卷，看样子是"打持久战"的架势。这是个上了年纪的女性，头发花白了。刘美娟是妇女干部，对女性有着特殊的感情，她心头一动，心生怜悯。

她问了问保安，保安说，这个人一定要见区长，让她去信访办怎么都不肯去。

"我先让维权干部去问怎么回事，自己在保安室里等着。"刘美娟说。不多久，维权干部回来了。老太太一口咬定要见区长，其他人免谈。

刘美娟走过去，蹲下身轻声问道："老妈妈，你有什么事吗？"

对方还是没好气地回了一句："我找区长，我要找大领导。"

"区长不见呢？"刘美娟问。

"那我就杀人，自杀。"老太太回答得很生硬。

"老妈妈，先别急。跟我说说有什么事，也许我能帮你。"刘美娟还是不急不慢地说。

刘美娟看看老太太脸发红发亮，关切地问了声："老妈妈，你是不是血压高，今天吃过药没？"

老太太怔了一下，从来没有人这么关心她。她开始答理刘美娟了。

"我房子被强拆了，我没地方住，我要找区长。"老太太说。

"你有材料吗？"刘美娟说。

"有。"老太太从身上摸出一份材料。

刘美娟一看，材料上还有红图章，她脱口而出："是原件啊。老妈妈你原件不要带在身边，万一搞丢了怎么办啊？"

老太太一听，正眼看刘美娟了。这么些年，从来没人这么提醒她。看来眼前这个干部模样的女人是好人。

老太太愿意和刘美娟说话了。刘美娟顺势跟老太太说："老妈妈你能到里面说吗，我蹲在这里很吃力，你说的东西我又没法记下来。我们到里面去，坐下来说。我也好记下来帮你分析。"

老太太想跟刘美娟去，但一想，又觉得躺在区政府门口给政府施压更有效，又不想去了。

刘美娟跟她说，要躺，要进去都是她的自由。不过躺着肯定解决不了问题。进来谈，也许能帮上忙。

老太太将信将疑，拿着铺盖卷跟着刘美娟去接待室了。

区里其他同事看到了说刘美娟本事大，几句话把她说得爬起来了，跟着刘美娟走了。

进了接待室，老太太颠三倒四说了三四个小时。刘美娟耐心地听她讲了半天，帮她梳理出点条理。老太太姓郑，67岁了。老太太过去是知识青年，丈夫溺水身亡，给她留下两个儿子。老太太独自一人，好不容易把两个儿子拉扯大。她在吴淞地区有一间房，家里人多，又搭了一间。老太太说她房子有门牌号的，只是没钱办房产证，10年前建设需要，老太太的房子被拆了。因为后来搭的一间没有房产证，她没拿到补偿款，也没分到动迁房。老太太无处可去，只好住在吴淞大桥下，住了5年了。一直没有解决。说到伤心处老太太不禁放声大哭。刘美娟默默给她递纸巾。她从内心深处同情这个老太太。

老太太希望得到补偿，希望分到动迁房。以前的房子里儿子开了个修车铺，希望能分到门面房。刘美娟把她的诉求一一记下。

她答应帮助老太太了解情况，尽快告知。送走老太太，刘美娟开始找相关部门。咨询一番后，她心中有底了。她把老太太的诉求分成可以争取的，和不现实的，第二次她见老太太，她告诉老太太哪些诉求可以争取，但需要补齐材料。同时，委婉地告诉老太太要门面房的诉求属于无理要求，太不现实了。讲到天边也是没有用的，不要白费力气了。

需要哪些材料，刘美娟一一跟她说清楚，甚至愿意帮她操办。老太太等于找到个"代理人"。

努力的方向明确了，老太太不再闹访。刘美娟通过热线电话主动与她相约星期三，积极沟通。在刘美娟的"斡旋"下，这件事终于有了一定进展。

创新工作模式：打开上访者的心结

刘美娟和"知心妈妈"们的工作方法令人刮目相看。

宝山区妇联发现，在上访户中很大一部分是女性，而且很多人上访时间达五年以上。他们一般年龄偏大，文化层次偏低，缺乏家庭和社会的关爱，游离在主流文化之外，自动与别人隔离开来，不参与社区活动。"她们钻进牛角尖出不来，也许刚开始时，有人劝过她，但她不听劝，一直上访，后来估计也没人劝了。而且她们中很多人是独居老人，没人搭理她们，她们也不搭理别人。跟外界接触少，她们注意力、精力全都集中在上访上。上访甚至成了她们生活不可分割的一部分。"刘美娟说。她曾接待过这样一个老人。老人最心爱的小儿子18年前被杀了。案子破了，但老人坚持认为真凶没有落网。十多年来，这个不识字的老人就一直上访，不停地往北京跑，要求抓住真凶。"老人自己不识字，上访的材料和每次去上访花去车费、住宿费发票就足足攒了几大箱。儿子死后，上访就是她生活的全部。"刘美娟很同情这个老人，尽力帮助她。

妇联能否跨前一步，拓展工作范围呢？宝山区妇联大胆尝试。宝山区确定"白玉兰开心家园——知心妈妈工作"，重点开展对老年女性上访老户的安抚化解工作，探索建立"妇联牵头、部门联动、专家督导、志愿者参与"的工作模式。妇联牵头搭建组织架构。在纵向上，建立区、街镇两级"知心妈妈"小组，加强沟通，上下联动，快速应对。区级层面由区信访办和区妇联分管领导为组长，加强工作领导；街镇层面由基层信访干部、妇女干部、居委干部、楼组长、人民调解员、心理援助志愿者、法律维权志愿者等人员组成，具体落实安抚措施。在横向上，区妇联依托信访办等部门，牵头召开专题会议和联席会议，全面了解个案材料和动态，梳理政策、核对证据、研究对策，开展有针对性地安抚工作。

"我们不是简单把她们看作'上访者'，而是看作困境中的姐妹，她们有着不同的家庭困难、矛盾诉求，有些人还存在心理焦虑等问题。"刘美娟说，"我们不是直接解决她们的上访诉求，而是千方百计给予帮助，打开她们的心结，帮助她们重新融入社会，学会用正确的方法解决遇到的矛盾和问题。"

现在，宝山部门联动形成支持网络。区信访办与区妇联主动对接安抚化解工作，及时提供案主信访动态情况、配备人员参与安抚调解、保障工作经费；凡案主安抚化解专题会议，区、街镇两级信访部门都安排专人参加，助推卫生局等与信访案件有关的职能部门，积极梳理政策，主动寻找突破口，共同化解难题。

区妇联牵头成立由信访干部、律师、法官、社会学专家、心理咨询师、人民调解员、人民陪审员、维权志愿者等组成的工作督导小组，提供科学指导和团队支撑。"我们避开上访者直接的利益诉求，妇联、志愿者通过上门慰问、健康体检、文体活动、关爱服务等方式接触上访者，打消她们的抗拒和疑虑，让她们感受到尊重和关爱，迈出化解矛盾的关键一步。"刘美娟说，知心妈妈从情感需求入手，在感情上把她们作为一个需要关心帮助的姐妹，让她们建立起对妇联干部、社工师、心理师和志愿者的信任，让她们愿说心里话，也愿意听从开导，进而打开心结、转变心态、改善心智。

为此，"知心妈妈"开展暖心服务。目前区妇联已牵头组建区、街镇两级共 13 支"知心妈妈"工作队伍。"知心妈妈"根据案主特点，结合节日慰问、社区活动做好心理疏导和情绪安抚，开展个性化的暖心服务，同时积极代理诉求，促进解决具体困难，确保安抚工作落到实处。

为打开心结：和老太一起坐在垃圾山上聊天

打开心结，说说容易做起来难。刘美娟曾接待过这样一个老人。70 多岁的陆老太要"落户"上海。陆老太是江苏太仓人，没有上海户口。丈夫是一家企业的财务管理人员，上海户口。1992年丈夫突然在一家小饭店谈企业资金问题时猝死。按照老太太的说法，丈夫应该算工伤，当时经济上按照工伤赔偿了，但没给办工伤手续。老太太的户口就因此没有落下来。三次申请，三次审核都通不过。老太太铁了心，一定要把户口落下来，于是到处上访，跑了整整 20 年。

"陆老太是个很固执的人，她会对着信访窗口的探头一口气骂上几个小时不停歇。"刘美娟碰上了"硬骨头"。

在接待室，刘美娟主动和陆老太打招呼，对方没好气地说"不要浪费我时间，我要找大领导。"刘美娟笑着跟她说，"老妈妈，大领导还没来。我陪你说会儿话。"刘美娟就和陆老太聊起了家常。陆老太说了"落户"上海的要求。临走前，刘美娟问她，要是有什么消息怎么联系她。陆老太翻起衣服，从贴身衣服的口袋里拿出了一个手机，是她儿子问候她平安的电话，她只会接，不会打。

不久，刘美娟主动上门看望这个老妈妈。一进门，刘美娟差点窒息。老人家里就是座垃圾山。原来老人平时就靠捡垃圾过活。在垃圾山上放了两块抽屉板，供自己晚上睡觉外，其他地方全被垃圾"占领"了。刘美娟也不嫌脏，就和老人一起坐在垃圾堆里聊天。原来老人的子孙都很出色。孙女孙婿都是高学历，工作很不错，家庭幸福。老人要"落户"上海，更多是一种情绪，"赌一口气"，是怀念去世丈夫的一种寄托。

　　从来也没那个干部来自己家，更别说坐在垃圾堆里和自己拉家常了。陆老太信任刘美娟了。刘美娟见老人平时就是捡垃圾，生活很单调，就和知心妈妈们一起送个收音机给她，让她了解政策，愉悦身心，她的生活稍微丰富些。陆老太生活困难，区妇联和街道居委在节日前上门慰问。陆妈妈手机掉到水里坏了，又陪她买了新手机。陆老太从来没这样被人关心过，思想慢慢转变了，说话也不那么冲了，刘美娟劝她的话，她也听得进去了。

　　另一方面，刘美娟走访陆老太丈夫单位，调查了解相关历史情况；前往公安等部门查找资料，咨询政策。最终为陆老太争取来"关门户口"的措施，只给陆老太一人落户，家里其他人不能随迁。随后，刘美娟和街道妇联知心妈妈陪老人去太仓老家办理上海入户申报材料。"要跑七八个部门，刚开始她的儿子还将信将疑，后来看出我是真替他们干事的，她儿子就开了车做向导了。"

　　陆老太的户口终于落下来了，社保卡、敬老卡也办妥了。落户那天，老太太特意和刘美娟在派出所门前合了张影。她说："今年我76岁了，上访20年终于可以下岗了。"

　　去年春节，陆妈妈所在居委又要送她300元慰问金。陆老太说什么都不肯收，"给更困难的人吧。"刘美娟说，"不要以为那些老人都不讲理，陆老太这么固执的人不也转变了吗。"在刘美娟的劝说下，陆老太家里的垃圾山开始清理了，还装上了铁门。

家有了家的样子。

喜讯：蚊子终于叮我了

吴女士曾隔三岔五来区政府大吵大闹。事情起因是这样的，2004 年她在冶金部属医院做肠镜，结果造成肠穿孔未能治愈。医疗事故鉴定做过了，法院也判过了，但吴女士的事情并没了结。因为这场医疗事故，她先后开了八次刀，还是没有根治。而且动不动就感染发高烧，每月高烧十来天。因为激素用得多了，人变得硬梆梆的，像个石膏人。因为长期使用杜冷丁，又产生药物依赖。出现感染发烧的现象，吴女士要看医生，原先给她看病的医院不敢收，其他医院又不愿接手。推来推去，吴女士觉得生不如死，"没人管我死活了……"每次发烧生病，她就到区政府门口大吵大闹一番。她要看病，要赔偿。

刘美娟接手这事后，觉得最要紧的是治好吴女士的病，她的身体状况好了，自然就不这么急了，赔偿的事可以慢慢再谈。

刘美娟协调信访办、区卫生局、月浦镇镇政府以及当事医院，落实专家会诊，一家三甲医院专门为她开辟了"绿色通道"。"谁摊上这样的医疗事故不难过呢，吃了那么多苦头。"刘美娟把她当作自己的姐妹，刚开始时一门心思帮她落实医院，医院落实好了，动手术前去看望，动了手术再去看望，过年过节去慰问她。吴女士的身体恢复点了，再帮她联系戒药瘾。

吴女士有个女儿到了谈婚论嫁的年龄了。刘美娟希望吴女士的注意力转移一点到女儿身上，不要一天到晚只操心自己的病和赔偿。刘美娟劝她关心关心女儿婚事。女儿结婚后，刘美娟说，叫女儿早点生孩子吧，家里添丁转运呢！

刘美娟劝得她笑了。戒药瘾时，她开心地向刘美娟报告喜讯：蚊子叮我了。原先她用了那么多年各种抗生素等药物，连蚊子都不叮她。她就成了"蚊不叮"。

"知心妈妈"的工作方法行之有效，宝山区妇联将这些做法加以梳理，制定出一系列制度规范，希望进一步提高"知心妈妈"安抚化解工作的人性化、科学化水平。

针对一些老年女性性格比较偏执、易反复、情绪波动等特点，目前已摸索建立"建立信任、打开心结、代理信访、依法化解"的整套工作流程。

2011年底，宝山区妇联还与区信访办联合下发工作实施意见，明确工作宗旨、目标、架构、步骤等内容，组建区级工作督导小组，建立《"知心妈妈"工作手册》、《"知心妈妈"工作守则》。区妇联先后制定了"知心妈妈"工作信息专报、会议、督导、培训、保密等系列制度；制定了《"知心妈妈"工作指导手册》，其中包括服务方式、个性服务模板、评估与督导、档案管理、应急处理预案、心理安抚技巧等13项内容。在《工作手册》的基础上进一步明确和规范了"知心妈妈"安抚化解工作的具体内涵；并开通了"知心妈妈"24小时服务热线，全天候提供政策咨询、法律服务、信访代理、谈心沟通、紧急救助等服务，进一步扩展了妇联组织在新形势下开展党的群众工作的服务新内涵。

对话

你怎么理解中国梦？

实现中华民族伟大复兴，是中华民族近代以来最伟大的梦想。祖国繁荣昌盛是13亿中国人民的共同梦想。每个炎黄子孙都衷心希望祖国强盛，人民幸福。每个中国人都要做好自己的事情，为祖国的强大繁荣尽自己的一份努力。

我是一名妇女工作者，对于我来说，中国梦就是巾帼梦。我是分管维权工作的，立足岗位，关心妇女儿童，服务妇女儿童，维护妇女儿童的合法权益是我的本职工作。妇女工作总给人"婆婆妈妈"的感觉，我们做了点探索，积累了点经验，我们的妇联知心妈妈还会继续努力，继续探索，做好老百姓的"知心妈妈"。

你做了很多年的妇女干部，你觉得现在的女性地位和过去有什么不一样？

应该说，这些年来女性地位大大提高了。上海是国际大都市，经济发达，思想开放，为女性提供了广阔的施展才华的平台。重男轻女的观念在上海很少见了。女性的经济地位、就业人口占比都在逐步上升。现在大学在校生中，女性比例还要高一些。一切都在向好的方面发展，但不能忽视，家庭暴力、就业隐性歧视仍然存在。妇女干部仍有很多事情可做。

十八大首次将男女平等基本国策写入报告，提出"坚持男女平等基本国策，保障妇女儿童合法权益"。这对妇女干部来说，既是巨大的鼓舞，同时也感到肩上的任务更重了。今后要更加关注妇女儿童热点难点问题、关注弱势妇女群体，充分发挥妇女儿童权益法庭、110反家庭暴力受理中心、妇女儿童维权志愿者队伍、妇女儿童维权工作站等作用。

现在有一种退化现象。多少年前妇女解放，女性走出家门，融入社会，和男性一样工作，自食其力，养活自己和孩子。经济地位和社会地位息息相关。作为女性，经济上独立了，在家庭的地位也就不一样了。女性参加工作了，参与经济和社会发展，社会地位也就提升了。但现在有一股思潮，宣扬"婚姻是女人第二次投胎"、"干得好不如嫁得好"、"宁可在宝马里哭不在凤凰后面笑"。其实，女性还是应该自立自强。不能依附在别人身上，独立精神永远不过时。

你天天和"老上访"打交道，她们那么偏执，钻进牛角尖出不来，难弄吧？

人心都是肉长的。她们刚开始时可能有想法，有顾虑，但一次两次打交道下来，她们知道你是真心帮她们，她也会真心对待你。有次一个老太打我电话，听我声音沙哑，她马上关切地问，刘主席，你是不是太累了，感冒了，多休息啊。一个上访户长远没见面，见了面就问我，刘主席，"你怎么气色不好了，脸黄黄的？"有个上访户案结事了了，春节前给我打了电话，说想我了。老太太独身一人，她说把我当女儿，还问候我。她们会想到我，我真的很感动。

采访手记

听刘美娟讲述为困境老年妇女们忙乎的事，我突然想到一个老故事。曾经有一个农夫，他的玉米品种每年都在评比中拿冠军，而他每次拿了冠军后，总是将自己的种子毫不吝惜地分赠给其他农友。

有人问他为什么这么大方？

他说，我对别人好，其实是为自己好。风吹着花粉四处飞散，如果邻家播种的是次等的种子，在传粉过程中，自然会影响我的玉米质量。因此，我很乐意其他农友都播种同样的优质品种。

他的话看似简单却深富哲理。你想得冠军，不能直直地奔着冠军去。迂回也许更加有效。

刘美娟和上访户接触，从不是直奔主题，直接谈诉求的，而是从情感着手。也许这个老妈妈需要倾诉，也许这个老妈妈心理有障碍，刘美娟是个很好的倾听者。她把老妈妈当做亲人看待，经济困难的，送慰问金去；心理有障碍的，和她家人一起陪老妈妈看医生。当老妈妈把刘美娟当做自己亲人的时候，刘美娟才跟她谈她的诉求中哪些不合理，哪些可以争取。她帮老妈妈一起争取能争取的，不合理的就放弃。如果一接触，刘美娟开口就说"老妈妈，你不要搞了，你这个要求太不现实了！"老妈妈还愿意听她调解吗？

农夫送冠军种子的故事还说明一个道理，不管你对别人做了什么，那个真正收获的人，不是别人，而是你自己。

如果你想得到冠军品种，就要给别人冠军种子。如果你希望别人真诚，那就去真诚对待别人。

这个道理在刘美娟这里也是如此。她的真心付出，获得了老妈妈们的信任。老上访户就信任她。别人说的话听不进，刘美娟和知心妈妈一说，她就听进去了。"知心妈妈"的服务热线在刘美娟这里，一天 24 小时开通，随时都有上访户打电话进来。有的老妈妈半夜睡不着，就打热线电话。刘美娟照样接电话。有一次，一个老妈妈半夜 3 点打进电话，刘美娟怕影响家人睡觉，就跑到卫生间接电话。当时是上海最热的天，卫生间没空调，一个电话接下来，一身的汗。

如果刘美娟敷衍对方，对方会信任她吗？

你给予的，最终会回到你身上。

（回南）

黄绮：我是随遇而安的人

黄绮，1962 年生，上海市女律师联谊会会长、上海市律师协会副会长、上海市尚伟律师事务所主任。作为市政协常委，她时时刻刻关注民生和法制建设，每年都在"两会"上提出多项有关民生立法及解决民生问题的提案，向政府建言献策。

她兢兢业业地对待每一个当事人和每一件案子，积极为弱势群体提供法律援助，朴实的办案风格赢得了良好的公信度，以良好的社会声誉被上海市杨浦区政府、上海市总工会及《上海法治报》聘为法律顾问。作为法学院兼职教授，她坚持在三尺讲坛上向莘莘学子释法明理，传道授业，并致力于律师实务和法学理论的研究，出版专业书籍，著有《知识产权法实例说》、《反不正当竞争法实例说》及《未成年人权益保障百问百答》等专著。

黄绮用社会实践和竭诚服务践行着她的誓言："作为一个社会法律工作者，我愿成为播撒法律阳光的使者！"

她曾荣获全国优秀律师、"全国五一巾帼标兵"、上海市优秀律师、上海市优秀女律师、上海律协"韩学章基金奖"、"著书立说二等奖"等称号，获得 2011 年被评为"东方大律师"。

三年前，黄绮开始学京剧。

第一次登台演出，她选择了穆桂英挂帅的曲目《捧印》唱段。

别人问她，为什么？

她笑了一笑说，因为我是"军长"。

说"军长"，是因为她手里总是有两个"师"。

职业生涯的前半段，是专职教师兼职律师，职业生涯的后半段，是专职律师兼职教师。

"我因为不想做老师而报考了法律，但正是因为选择法律专业而成为了教师，但又是因为成为了教师又走上了律师之路"。黄绮说自己是个被动的人，即便有想法也倾向于被动地接受命运的选择。但命运犹如一场圆舞曲，兜兜转转之中，最终把她挚爱的事业和挚爱的生活带到了面前。

就像戏里捧印出征的穆桂英一样，站在事业的高峰上，她对出征有了更多理性的思考。眼下的出征不复有年轻气盛时的冲动，岁月磨砺，她更感受到的是家国情怀，天下责任。

误打误撞的选择

1962 年，在上海做丝绸营生的福建商会黄会长家喜添了一个小孙女。

祖父为她起名字为绮，一种美丽又有花纹的丝织物。取丝绸边旁，有传承家道之意。

高中毕业，面临高考填志愿难题。黄绮不知道自己要做什么，但很清楚知道自己不想做什么。不想做会计，也不想做老师的她，权衡之下选择了法律系。家族中，黄绮的大伯父是解放前圣约翰大学法律系的毕业生。她觉得，像伯父那样学法律，将来做个律师应该会很酷。

这是 1981 年，法律专业刚刚恢复。华东政法学院复校后第三届录取的 401 名学生中，就有了黄绮的身影。更巧的是，华东政法学院的前身就是圣约翰大学。

黄绮学习的是民商法。高考时看起来没选择而被逼作出的法律选择，她倒是越读越有兴味。连她自己都没有想到，原来自己天性逻辑性挺强。而法律专业所强调的理性思维，仿佛是为她而设。四年过去，同学们面临分配时都想去做律师，但黄绮的老师却劝黄绮做老师。理由是当年恰逢"三五普法"第一年，高校需要老师，"你成绩好，又是女孩子，多么适合做老师。"

就这么着，本来因为不想做老师而选择法律专业的黄绮，因为读了法律却反而做了老师，成为上海对外贸易学院的法律专业老师。1988 年，黄绮通过了全国统一律师资格考试，成为了一名持有律师执业证的兼职律师。

似乎是命运有意让这个女孩吃好法律专业这碗饭。黄绮作为律师执业之初，恰逢中国入世（WTO）。她又就职于外贸学院法学院，自然而然，接触的都是国际贸易法律方面的理论和实务。做教师时给学生上的课恰好是在律师实务中能用上的知识，在律师实务中的实践经验，又恰好能在法学课堂上展开。一切都契合而又水到渠成地展现在她的面前，她钻研的业务领域，开始转向国际商法。

9 年后，黄绮已经成为国际贸易法教育领域的资深教师了，于是被作为人才引进上海外国语大学法学院。她开设的国家贸易法课程，成为了上海市教委的精品课程。自称为教师和律师跨界边缘人的她，终于下定决心成为了一名专职律师，与有志者一起成立了尚伟律师事务所。她的身份，再次发生变化，从专业教师兼职律师，成为了专业律师兼职教师。

如今，黄绮最为社会所熟知的身份首先是律师，但即便已经成为上海律师协会副会长，她还是从未远离讲台。由她开设的法律课程，依旧还在上海外国语大学继续着。她开设的国际商法课程，与她日常接手的国际贸易类的法律实务匹配。她开设的劳动法课程，又和她作为上海市总工会界别市政协委员的视野重合。她开设的公司法课程，又与她作为律师为公司提供法务服务相得益彰。能够轻松地平衡精力、统筹时间一直是她颇为得意的一件事。

人生没有无用功

黄绮说，"我很乖啊。"

虽然当年大学毕业不想做老师，但学校分配她去做了，她也开开心心做到了今天。还越做越有味道。虽然当年做老师时没想过要作律师，但自然而然机遇就来到了眼前，她成了律师。当别的同行开始纷纷创业时，她也没有特意追随，但机缘巧合的，她成为了尚伟律师事务所的女掌门。

"似乎没有一次，是我主动追求来的生活的转机"，黄绮说："我想，这或许就是命运的安排。而我又偏偏是随遇而安的人"。

事实上，人生是一场没有无用功的旅行。当回头看时，黄绮才佩服上天的安排。一路走来收获的每一块砖石，当时看来无可用处，但在最后修葺生命的大厦时，是恰到好处的材料。比如做大学教师时，不用坐班，因此她有大量时间研究理论，这些思维锻炼成为她日后开展法律实务的基础；而讲台上侃侃而谈深入浅出的表达历练，又使得她善于抓住问题的本质，也让她开展律师工作变得顺遂；因为从事国际商法教学的深厚理论功底，让她在解决国际贸易商事纠纷中颇得心应手。做律师的成功也让她在业内外被重视与肯定。渐渐，各种荣誉与身份也纷至沓来，业内得到了"东方大律师"的至高荣誉，业外获得了"全国巾帼五一标兵"的光荣称号。

如同有经验的船夫，不会故意冲上险滩，也不会逆势驶舟。抓住社会的需求，并满足这种需求。个人的发展，与社会的发展合拍。就这么简单。

有使命的法律人

2004 年，上海电视台和中央电视台经济频道相继报道了一起父子争房的案例。

那一年，13 岁的少年小云自幼丧父，与母亲居住在生父生前单位分配的"福利房"里。孩子五岁时，母亲再婚。不料才四年后，母亲又患病去世。继父将自己的户口迁入这个 16 平方米的租赁小屋，并将户主变更到了自己的名下。其后，继父又有了女朋友，小云的处境每况愈下。小云的祖父祖母在交涉未果之后，向法院提起变更监护权的诉讼。庭审中，继父提出将小云户口迁出小屋的条件，爷爷奶奶百般无奈之下只有委曲求全，违心地与继父达成了书面协议：小云的户口迁入祖父母处，不再享有该房屋的居住权利。法院作出了变更小云监护人为其祖父母的民事调解书。就这样，为了获得监护权，祖父母眼看着孙子失去了住所。

黄绮律师获知这个情况后，无偿为孩子提供法律援助。她从导致小云丧失居住权的"协议书"入手，作为小云的代理人向其继父提起诉讼。法庭上，黄绮说，小云的继父在"协议书"中达到了放弃义务（监护主要体现为义务）而获益（得到住房）的目的，所以协议书是对原告的侵权。我国《民法通则》第 18 条规定："监护人应当履行监护职责，保护被监护人的人身、财产及其他合法权益，除为被监护人的利益外，不得处理被监护人的财产"；请求法院确认协议书中关于小云不再享有房子居住权的条款无效。通过一审、二审的激烈抗争，法院判定：该协议条款应属违反了法律强制性的规定，应宣告无效。这个 13 岁的孩子终于从继父手中重新拿回他赖以生存的住房。

此后，黄绮律师更为关注青少年权益保护。通过到电台、电视台做节目、给市和区青保干部及教师开讲座、编写《未成年人权益保障百问百答》书籍等方式，普及未成年人权益保护法律知识；她向市政协提出"关于建立健全'失爱青少年'福利救助体系的提案"、"关于进一步修订完善青少年保护法律法规体系的提案"、"关于开展家庭教育相关知识普及的提案"。为此，她成为市青保办认可的法律专家、团市委聘请的"青少年权益保护使者"。

市律协成立"未成年人权益保障业务研究会"，黄绮被推选为首届主任，她带领着未保委的律师们，深入市区各青保办进行调研，普及未保法并给予免费法律咨询。当了解到青少年工作者普遍对未保法律知识较缺乏的现状后，遂组织未保委的多名律师委员历时一年时间，收集整理了大量素材、案例，结合相关法律规定，共同编写完成了《未成年人权益保障百问百答》一书，该书填补了我国该类未成年人权益保障法律书籍的空白。

2009年3月，市女律师联谊会组建了"巾帼律师志愿团"，黄绮担任团长。志愿团每个工作日安排两名女律师全天值班，提供免费法律咨询。几年下来一直保持着难得的100%出勤率。来法援中心咨询的多是经济拮据的社会弱势群体，黄绮还和志愿团律师商议制定了相关的咨询规范和守则，约定不能通过咨询途径接受任何收费业务，只提供免费服务。

作为市总工会法律顾问，黄绮律师常年关注劳务派遣工作。她通过大量的调查研究，连续在市政协十一届三次及四次会议上提出了关于劳务派遣的提案。黄绮律师的提案，受到市委领导的高度重视和充分肯定，该年，参加市政协会议的时任市委书记俞正声在讲话中指出：上海应该率先制定并落实好规范劳务派遣用工行为的措施。

对话

在你的印象里，什么样的客户给你留下深刻的印象？

有一次，我帮助过一位医疗事故中不幸致残的人。那是一位从事国际海员的先生，多年来在远洋轮上工作得很出色。本来，多年在海上漂泊的他还有两年就可以退休与家人安享幸福晚年了；但因饱受多年前患带状疱疹而遗留的病痛折磨，导致他轻率地听信医生的游说，去到一家民营医院施行脊髓根部神经损毁的手术，意图通过损毁感觉神经达到不再疼痛的目的。然而，一个被医生告知仅仅用两个小时就可以完成的门诊小手术，却让他术后变成了左下肢瘫痪的四级伤残者；自行步入手术室的陆先生，术后却站不起来了！

我作为这位先生的代理律师，先与医院协商赔偿事宜，努力未果后便代理提起民事诉讼。诉讼过程中，法院委托上海医学会进行医疗事故鉴定，但令人不可思议的是，鉴定结果却认为手术未构成医疗事故，而医院仅承担次要责任。面对这样一个无法理解和难以接受的鉴定结果，我开始了推翻该医学鉴定结论的努力。

医学专家已经做出了判断，而律师在这方面是外行。你如何为客户争取应有的赔偿呢？

作为医学外行的患者与医学专家的抗衡，注定了患者永远是弱者，鉴定专家拒绝出庭质证，一审法院还是以鉴定结论为依据，判决医院仅承担次要责任。作为当事人的海员先生怎么也无法接受，作为代理人的我也觉得不应让他承受这不公平的结果。于是，我坚决地代理海员先生提起上诉。二审中，我向法院力陈医院治疗过程中病历记载不祥、手术结果告知不明以及手术仪器的使用瑕疵等等过错行为，要求重新鉴定；终于，二审法院同意向中华医学会提起重新鉴定的申请。幸运的是，中华医学会审查后决定重新鉴定，而再次鉴定的结果认定：手术构成三级医疗事故，医院承担主要责任。二审法院据此判决医院承担 80% 的费用，因为这个手术而残疾的海员先生终于找回了些许安慰。

在这个案子中，我们陪伴当事人坚持了整整四年，不放弃，不退缩，运用法律为海员找回了应有的公平和正义。我也想通过自己的努力，让大家感到社会的正义和人与人间相互支撑的力量。

你也因此，特别关注维护弱者的合法权益。

是的，我记得在 2008 年，一位女士被派至美国一家公司担任人事经理，劳动合同和派遣协议上的服务时间均为三年。然而，干了不到一年，美国公司突然以"门卫记录显示一百多天没来上班"为由将她开除。为挽回名誉，女士持一百多天中公派出差、病假休假等证据找到派遣单位和相关部门，并试图通过仲裁、上诉等方式维权，但最后都以失败告终。

一个偶然的机会，她在网上看到了我的维权资料，就试着给我写了封电子邮件，讲述自己的遭遇；我当晚十一点钟就给她回信。我在信中详细分析了案情和劳务派遣的法律漏洞，并明确表示，劳务派遣中出现的问题确实对劳动者合法权益造成了损害，我已在上海"两会"上提出了相关提案，建议尽快完善劳务派遣相关法律法规，有效维护劳务派遣工的权益。后来，这位女士在投给市政协《联合时报》的感谢信中说："一年多的四处奔波，相关部门的处处推诿，曾令我对社会的正义深表怀疑。黄绮委员的此番举动使我倍感温暖，也让我看到了维权的希望。"

做教师的经历，能让你把法律实务上升凝练为理论依据。

我作为市总工会法律顾问，常年关注劳务派遣工作。而且通过大量的调查研究，连续在市政协十一届三次及四次会议上提出了关于劳务派遣的提案，我在"关于完善劳务派遣用工方式中用工单位违法退工应承担法律责任的相关规定的建议"中指出，由于劳动者只是与劳务派遣单位建立了劳动法律关系，与实际用工单位并不签订劳动合同，导致实际用工单位常常随意退回劳动者，而不用承担解除劳动合同的法律责任。"如此，劳务派遣用工方式已经成了许多用工单位作为规避法律责任的避风港，严重地损害了劳动者的合法权益。"我呼吁，应尽快研究制定劳务派遣的地方法规或规章，明确企业劳务派遣工的"三性"问题，即《劳动合同法》规定的"劳务派遣一般在临时性、辅助性或者替代性的工作岗位上实施"，使企业找不到滥用劳务派遣的借口；通过完善立法，约束用工单位违法退工行为，为劳动者提供法律保障。

后来这条建议受到市委领导的高度重视和充分肯定，参加市政协会议的市委书记俞正声在讲话中指出：上海应该率先制定并落实好规范劳务派遣用工行为的措施。

如果说为客户争取权益是律师应尽的义务，那么也会利用法律武器，为社会生活中不公正的事情鼓与呼吗？

几年前，我发现在上海徐汇区的中心地块上有一片生存了82年的市中心"古老"的园林苗圃，郁郁葱葱、生机勃勃的苗圃却遭受着大型铲车的无情摧毁。当时真的深感痛心和震惊！

但如何避免毁绿行为，我必须要开展调查研究。

据史料记载，该苗圃原名哥伦比亚种植园，建于1924年，面积达1.5万平方米，由当时的公共租界工部局辟建，园内花房设施齐全，是早年中外文化交流的产物，承载着上海270年的绿化园林历史；我经过实地踏访和多方了解后发现，这是一块不能再生的园林历史区域。在查阅《上海市历史文化风貌区和优秀历史建筑保护条例》、《上海市城市规划条例》等一系列法规，地方法规对保持或者恢复其历史文化风貌以及妥善保护公共绿地、专用绿地，均有明确规定。更何况，该苗圃地处市中心西区，同附近的百年名校上海交大、历史文化风貌街新华路构成一个和谐的历史风貌区。

对苗圃历史的了解越深，我越是想要保护下这块地方。2007年初，我作为委员写成一份近五千字的提案——《保护历史文化风貌，整体开发苗圃，反对毁绿建造商品房》，并配上现场绿地被毁前后的照片，提交市政协提案委员会。"一石激起千层浪"，《新民晚报》对该提案内容进行了整版报道，引起广泛的社会共鸣；在"两会"专题会议上，我还面向时任市委政法委刘云耕书记恳切地坦陈："请阻止毁绿造房，救救生存了82年的苗圃吧！"市领导亲自过问此事，市规划局和徐汇区规划局将原该地块的建设规划进行了优化调整，决定减少建筑面积，保留8000平米的绿地作为公共绿地。同时明确答复该绿化部分规划性质为公共开放绿地，建成后永久无偿对公众开放；8000平方米公共开放绿地建设后移交区绿化管理部门，从而确保绿化在使用中真正做到永久无偿对公众开放。恢复和重建中的集中绿地将会成为大上海市中心一块生机盎然的绿肺，成为上海市民的休憩乐园。

这是一份责任，当我看到绿地的时候，我觉得我有使命应该这么做。

采访手记

丝绸华美，看上去柔滑无比，但使用起来却有股子韧劲。

绵绵密密的编织使得蚕丝交缠，赋予这种织物一种执着的意味，宛如道家语境中的无招胜有招的"柔"。

用丝绸命名的黄绮，便给人这样的感觉。温和、谦逊、并不锋芒毕露咄咄逼人，说话也不带有攻击性，但娓娓道来中，她身上蕴含的智慧和韧劲，不容小觑。

为一位不幸残疾的当事人代理案件，她可以执着地坚持四年，等来公正的审判。为一块绿地维权，她能不依不饶直陈市领导，最后为上海保留一方文脉。而且相识多年，我发现黄绮有个习惯，不管多晚，都会"当日事当日毕"。即便有时我给她发邮件已经是午夜12点，到了1点她照样会回复我。其中的自律和毅力，令人感佩。

她和我聊过对理想爱情的向往，那就是保持同步的前进。当一方向前走时，另一方也恰好往同一个方向走，两个人彼此之间的关系，便能够达成相对静止和稳定。

丝绸的花纹，来自于数股丝线的交织。黄绮职业生涯中，教师的身份和律师的身份始终彼此交缠、教学互长一般，始终给予彼此支持和新的知识补给。教师身份带给黄绮的理论思考、深入浅出讲解能力和律师身份带给黄绮的实务训练，使得她没有偏废一方，而是从双方领域中得到了双重的滋养。这两个立足点，也为她带来更为全面平衡的思考问题的方式。

顺其自然，成为黄绮的座右铭，但她始终善于抓住机会，也不断学习和成长着。这使得她人生每一步，看起来都是值得。

（沈轶伦）

蔡蕴敏：我自己特别怕疼，看不得别人痛苦

蔡蕴敏，1970 年生，复旦大学附属金山医院主管护师、国际造口治疗师。1987 年从金山卫校毕业后到金山医院工作，一直在临床护理第一线工作，现为换药室护士。

"我自己特别怕疼，将心比心，也看不得别人承受痛苦"。这种换位思考的习惯，贯穿着她 26 年的护士生涯。她常常为饱受难愈伤口痛苦折磨的病人而感到痛心，为能解除病人的痛苦，让病人活得有尊严，蔡蕴敏不断激励自己努力学习。在医院的安排下，先后到邵逸夫医院和上海造口治疗师学校进修学习造口伤口护理，并于 2008 年成为上海自己培养第一批具有"国际造口治疗师"资质的护理专业人才。

为了帮助那些身患重病且无法及时来医院就诊的患者，蔡蕴敏经常利用休息时间，上门换药。这些年，蔡蕴敏上门治疗的足迹遍及金山、奉贤、嘉定、松江以及浙江平湖、海盐。

自 2010 年 5 月"蔡蕴敏伤口造口护理组"成立后，至今蔡蕴敏已接受院内外伤口护理会诊 2243 次，治疗疑难伤口 1.9 万多人次，并利用休息时间帮助困难患者上门换药服务 300 多人次。

蔡蕴敏 2012 年被评为"上海市十佳护士"、"全国卫生系统先进工作者"，2013 年当选为"上海市十大感动人物"、"上海市三八红旗手"，2014 年获得上海市"2013 年劳模年度人物"。

蔡蕴敏是复旦大学附属金山医院换药室的一名护士。她没有惊天动地的事迹，20 多年来，她只是每天仔细处理好眼前的每一个伤口，将心比心，设身处地为病人着想。她用细心、耐心、轻柔的动作，为病人重新找回尊严，她用自己的举动感动了无数患

者，因此成为全国卫生系统先进工作者，也因此感动上海。

放弃升学读卫校

蔡蕴敏是土生土长金山张堰人。父亲是民办教师，母亲是农民。家里姐弟三个，蔡蕴敏排行老大。在那个物质匮乏的年代，蔡家日子过得紧巴巴的。祖父在 58 岁那年得胃癌，手术后一直需要护理，直到 86 岁去世。母亲体弱，干不动农活。年底村里分红的时候，村干部总要数落他们一番："你们几个是拖后腿的。"生活的重担压在当民办教师的父亲身上。

蔡蕴敏初中升高中那年，父亲找她谈话，劝她高中就别念了吧。虽说父亲很不情愿开这个口，但家里负担实在太重了。他希望大女儿读卫校或师范，早点工作替他分担家累。

蔡蕴敏的成绩非常优秀，虽说很舍不得，但还是懂事地答应了父亲。"我考高中的时候，前面几门都考得不错的，就怕分数过线，过线就得上高中去了，所以最后一门化学就随便写写，故意考砸。"回忆当年考试，蔡蕴敏笑着说。成绩公布后，蔡蕴敏离重点高中只差了一分。她父亲说她考得"有水平"。

是当老师还是当护士？蔡蕴敏毫不犹豫地选择了后者。一个原因是她自己是个早产儿，生下来软咚咚的，自幼体弱多病，一直奔走在医院和乡村卫生院之间。她弟弟十多岁时得了骨瘤，经常会习惯性骨折，家里大人走不开，都是蔡蕴敏陪弟弟去医院的。家里人生病住院，也是她陪护的。虽说打针很疼，但她喜欢上"白大褂"，能帮助人祛除病痛，多伟大。蔡蕴敏的一个堂姑姑是护士，在村里很受尊敬，这也是蔡蕴敏选择读卫校的原因之一。

一个青霉素严重过敏的护士

老天爷似乎开了个玩笑，放弃继续读书一心要当护士的蔡蕴敏原来是个严重的青霉素过敏者。"参加工作后，医院就安排我传染科，这里青霉素用得少。后来去过肠道科、换药室、预检台，这些都是接触青霉素机会少的岗位。""非典"的时候，蔡蕴敏是金山医院第一个报名去发热预检的护士。

兜兜转转，蔡蕴敏又回到了换药室。这里成了蔡蕴敏事业升华的起点。"我自己特别怕疼，看不得别人痛苦，换药的时候尽量手式轻。"蔡蕴敏说。她的仔细耐心赢得病家的赞扬，院方的关注。

2007年，蔡蕴敏得到一个机会去中美合作的浙江大学医学院附属邵逸夫医院接受培训，系统学习造口、疑难伤口护理知识和技术。这次学习，让蔡蕴敏大开眼界，"自己真是井底之蛙，换了这么多年药，这下发现自己技术单一、专业知识少。"蔡蕴敏抓住机会猛"充电"。第二年，更好的机会来了。"国际造口师学习班"在上海开办，只招12名。蔡蕴敏是其中之一，但她危机感实足。其他同学都是三级甲等医院的，自己差了一截；其他同学年纪轻，自己年纪大，又差一截；其他同学英语好，自己英语差，又差一截。蔡蕴敏就怕自己被刷掉，有老师也曾对蔡蕴敏说过，第一个被刷的就是你。

但蔡蕴敏也有优势，她有13年的专业经验，她很刻苦。部分课程用英语授课，白天记不下来，晚上再查词典再巩固，天天弄到深更半夜。工夫不负有心人，经过艰苦的学习，蔡蕴敏终于拿到造口师毕业证书。蔡蕴敏非常感谢她的恩师：杭州的启蒙老师胡宏鸯——中国第一位国际造口师、上海国际医疗中心的吴唯勤老师，还有长海医院的徐洪莲老师。这些前辈不仅毫无保留地把技术传授给她，还将行医、做人的原则传给了她。

学成回来后，蔡蕴敏不多久就收到一面锦旗。事情是这样的，一个病人因为车祸动了手术，术后五个月伤口化脓，五年里三次清疮仍多次复发。病人被病痛折磨得心灰意冷，抱着"死马当活马医"的心态来找蔡蕴敏，他对蔡蕴敏说，两年后要是不复发，就给你送锦旗。蔡蕴敏没把他话放心上，一心一意给他治疗。两年后的一天，院长办公室通知蔡蕴敏，有病人给她送了面锦旗。"这人会是谁啊，"蔡蕴敏想了半天，问了名字，终于想起那个三次清疮仍多次复发的病人。这是蔡蕴敏第一个成功治疗的疑难病例。她一下子信心足了。

一封来自天堂的信

"亲爱的蔡老师：当你读到这封信的时候，我已经去了天堂。在我经历无边灰暗的时候，你来到了我身边。我身体上不断冒出的一个个伤口窦道，淌着脓水，发着恶臭，连我都无比厌恶我自己，而你不！我一直记得你弓着背弯着腰，仔细为我换药时的样子，那么投入、那么专注。尽管当时的我依然倔强或者冷漠，但在心里，我明白你的好，更感谢你给了我超越血亲的爱。——小雪"

写信者小雪很不幸，从大学二年级起患上腹膜假性黏液瘤这一不治之症，盆腔里面长了14-16厘米的瘤，伤口经久不愈。2011年小雪碰到了蔡蕴敏。刚开始，小雪总是对蔡蕴敏说，市区大医院的医生怎么说的，不信任金山医院能够处理好她的伤口。蔡蕴敏告诉她，会尽量参考以前医生的意见，也请她试试金山医院处理的方式。

处理小雪不断渗出脓液的伤口，一个弯腰就是一个小时，累，就不说了。在蔡蕴敏的悉心治疗下，小雪的伤口慢慢愈合，小雪也渐渐恢复了信心。定期来医院换药的小雪突然有一个星期没出现。"小雪这几天怎么没来呢？我想去看看她，"蔡蕴敏不放心这个病人，打通电话后下班就找到小雪家去了。看到蔡老师，小雪哭着吐露了心声："蔡老师，我想死，但我连爬到窗口的力气都没有了。"

原来，小雪家住得高，又没电梯，每次去医院换药，都是父亲抱着她去的，父亲渐渐老去，自己病情渐渐加重，小雪不想再连累父亲。

踏进小雪家门，一眼看到小雪生病前的照片，照片上的小雪充满朝气，年轻阳光，而病床上的她已被病痛折磨得脱了形，蔡蕴敏内心一阵酸楚，一下子产生要每天上门给小雪换药的念头。

伤口何时愈合，不知道；甚至会不会愈合，也不知道。在这种情况下，答应上门换药真是冒很大风险。但蔡蕴敏决心负责到底。此后的 11 个月里，蔡蕴敏为小雪上门换药达 84 次。"有时我实在太忙了，护理团队的其他成员就帮我忙，替我上门换药。"蔡蕴敏说，其他成员也上门换药 36 次。严寒酷暑，风雨无阻，120 次登门，换来了伤情的改观。

小雪的伤口一度得到控制，"蔡老师，我可以自己洗头了。"小雪欣喜地向蔡蕴敏报告好消息。在旁人看来再简单不过的事，身患重病的小雪做到了，蔡蕴敏从内心深处为她高兴。后来小雪病情恶化，重新住进了医院。临终那一天，很晚了，小雪在医院里依然执着地要等蔡老师来帮她翻身。忙了一天刚停下来的蔡蕴敏回到休息室，一看会诊单上是小雪的名字，顾不上劳累就赶去了，当天夜里，小雪走了。

第二天，蔡蕴敏得知小雪走了，难过了整整一天。"不仅是我，我们整个护理团队都很难过。那么年轻，那么漂亮的一个姑娘，受尽病痛折磨，到最后走的时候瘦脱了形，像 80 岁的老人。"蔡蕴敏说，"要是前一天我没去，我会难过一辈子，后悔一辈子的。"

应该说，小雪是带着人间的温暖离去的，小雪的家人更是对蔡蕴敏感激不尽，小雪父亲说，在小雪患病的日子里，小雪最听这位非亲非故的蔡老师的话。小雪父亲这样评价，好的护士能护理好身体，最好的护士能抚慰心灵。蔡蕴敏就是能抚慰心灵的最好的护士。

为拯救小雪生命和抚慰她的心灵，蔡蕴敏感动了无数人。可蔡蕴敏却说："这不是我一个人干的，是我们整个团队一起努力的结果。像小雪的父母这样朴实的老百姓每次对我们都是千恩万谢的，才真的让人感动。"

66 条蛆虫从伤口取出

2012 年 7 月，天气炎热。换药室来了一位压疮患者。这是位生活在农村的智障老人，已经 80 多岁了。当腰侧的伤口打开时，在场的所有人都目瞪口呆。新进的小护士甚至吓得甩脱了手中的药瓶，换药室里其他病人吓跑了，这是个什么伤口啊，"伤口上什么都有，头发、米粒、破布、草纸、粪便……"蔡蕴敏说，"甚至密密麻麻爬满了蛆虫。"蛆虫在伤口上蠕动，蔡蕴敏说，当时真真切切地体会到'头皮发麻'和'脊背发凉'是什么意思了。

恶臭在换药室里弥漫，蔡蕴敏镇定了一下，对旁边护士轻声说："不要叫，你们叫，我会害怕的。"蔡蕴敏在口罩里垫了三层纱布，伏在老人腰侧，离伤口只有 10 厘米的距离，忍着恶臭，克制住恐惧，一条，两条……一个半小时过去了， 9 个伤口清理出 66 条蛆虫。"我是专业造口师，这是我专业范围内的事，我都嫌恶心的话，谁来弄？"蔡蕴敏说。那天，正好有实习护士来，把这段拍成视频，但是，蔡蕴敏说她宁愿去做，也不愿再看这段视频。

80 岁的秦老先生患了男性少见的乳腺癌，手术创面久治不愈。他跑了国内外许多大医院，慕名来到金山医院，点名要蔡蕴敏接诊。蔡蕴敏揭开纱布，见伤口处理得很干净，恶臭却扑鼻而来。她马上摘下口罩，把鼻子凑近伤口仔细闻。"别说是一般医生护士，就连自己当医生的儿女，也是戴着两三层口罩进我的房间。"一向挑剔的老先生肃然起敬。

蔡蕴敏仔细检查伤口，判断异样恶臭的根源是伤口深处的皮脂腺囊肿。"我要再开一个口子，把里面的脓水彻底排除干净。"瘦弱谦和的蔡蕴敏语气坚定，"你们可以不信任我，但应该信任'蔡蕴敏伤口、造口护理组'这块牌子。"老先生早已被她的精神感动："我同意。成功了，是我的福气。失败了，也为你的工作积累经验，我绝不会有一句怨言。"经过两个多小时精心处理，老先生终于彻底清除病灶，几次换药后，伤口很快痊愈了。

连病患、家属都嫌弃的臭味，蔡蕴敏闻不出吗？蔡蕴敏微微笑道，"摘下口罩，恰恰是为了更好地闻臭味。"多年的伤口造口护理经验，使她对臭味特别敏感。臭味不同，引起感染的原因也不同。"在实验室做细菌培养需 5 天，根据闻出的臭味判断细菌感染类别，能作为辅助参考，抓紧治疗时间。"

其实，蔡蕴敏以前特别胆小。她第一次在急诊室，看见车祸病人伤口血淋淋的，当即晕了过去。在手术室里，当医生剖开病人的腹部，蔡蕴敏又一次晕过去。第一次拆线时，蔡蕴敏手持剪刀和镊子，腾空的双手不住颤抖。后来，还是老护士托住她的双肘，才通过了护理生涯的初次大考。最初接触造口病人，她会呕吐，甚至晚上失眠。但现在蔡蕴敏已经历炼出来了，虽然面对溃烂、流脓和难掩的恶臭，蔡蕴敏也有过恐惧。但是想到病人期盼的眼神，蔡蕴敏就觉得"自己没理由退缩"。就像上面说的 66 条蛆虫那件事，"总要有人来弄，不弄掉怎么办？"这是她事后唯一的说法，如果以后还有类似的病人找上门，她说，她还是会这么做。

让病人活得有尊严

随着直肠癌、膀胱癌等疾病发病率的上升，相当比例的患者不得不将肛门或膀胱切除，在腹部外加造口袋来排泄粪便或尿液，这类病人被称为"造口病人"。造口治疗在国内兴起不久，是护理学中的新兴学科，既有别于传统的护理，又和医生的手术不同，处于医生和护士的交叉地带。作为造口治疗师，蔡蕴敏的主要职责就是替病人护理造口，帮助失禁病人康复。

由于病人丧失了常规排泄功能，需要通过造口袋排泄，身上常伴有异味，会感觉低人一等。"正常人排泄会控制的，一天一次或两次。而他们是随时随地排泄，自己看着都觉得怪怪的。他们换衣服、挤公交，都非常不方便。有时候因为得病的缘故，亲人之间也会产生隔阂。夫妻一方看到对方随时有排泄物出来，兴致顿时消失。"蔡蕴敏说，"时间长了，病人会觉得自己是废人。但这种病人如果护理好、照顾好，和正常人没有太大区别。"因此，蔡蕴敏和同事们在护理造口病人时，除了治疗外，很注重心理上的沟通，"就把他们当成自己的朋友，多聊聊天，你对他们很亲切，他们对你信任之余，对自己也会有更大的信心。"

诊室外的王女士穿着裙子、化着淡妆，精神饱满，"有谁相信，我身上也挂着个造口袋？"50多岁的王女士，6年前患病成了"造口人"。"身上背个'粪袋'、臭烘烘的，别说家人，自己也受不了。"那时的王女士躲着亲戚朋友，不敢出门。即便出去，也主动和人保持距离，"生怕被人嫌臭，更不用说夏天穿裙子了"。

抱着试试看的心态，王女士挂了蔡蕴敏的门诊。每次，蔡蕴敏都将王女士的造口护理得十分清洁，还细心地涂上药膏防止皮肤感染，"你的造口没什么问题！你不用害怕。"每次蔡蕴敏都悉心安慰、开导王女士，还教她自己换造口袋、护理造口的正确方法。王女士渐渐发现"又做回了从前的自己"，她不再怨天尤人、不再感伤，反而每次看门诊时都将自己的经历告诉其他病友、鼓励他们："你们看，我现在多好，和正常人一样生活。"

"造口病人不仅要忍受身体上的痛苦，还要承担心理上的压力。他们除了病理治疗外，还需要心理抚慰。"在蔡蕴敏看来，"抚慰患者心灵，也是治疗一部分。"

老刘患糖尿病影响到关节，由于老伴过世，儿子不在身边，自己无法洗脚。老刘每次来换药，蔡蕴敏都和同事打来热水先帮老刘洗脚，然后再清创、消毒、敷药。就这样，老刘来了六七次，蔡蕴敏帮他洗了六七次脚。一次次洗脚中，老刘伤口慢慢好转。看着伤口长出了新鲜的肉瓣，老刘热泪盈眶："蔡老师，您帮我洗脚，不仅洗好了我的伤口，也洗去了我的孤独。每次洗完脚回家，我都睡得特别香……"

这里病人需要我

目前，蔡蕴敏是上海仅有的七名全职国际造口师之一。

虽然赢得了诸多荣誉，但蔡蕴敏仍拿着护士的基本工资。在现行医疗体制中，护士的工资较医生微薄，远郊医院的收入又逊于中心城区。由于蔡蕴敏在业界声名鹊起，也有不少医院和医疗机构向她抛出"绣球"。"其实是犹豫过的，最后没去也有很多因素。"蔡蕴敏实话实说。起初一家猎头公司代表某欧洲医疗机构来征求她的意见，想到金山医院的培养和支持，她最终还是放弃了中心城区的工作环境和优厚的报酬，"造口师培训回来还没几年，要走好像有点不好意思"。

另一次，上海某医院的护理部主任向蔡蕴敏发出邀请，她向医院的书记汇报了一下。书记回复她："你可以考虑一下。"一周后，书记专门来找她，询问结果。"当时我都忘了什么事，经书记提醒才想起来。当我告诉他我不会走时，他只说了两个字："谢谢。"这两个字，让蔡蕴敏的眼中漾起泪光。

虽然在杭州邵逸夫医院深造的时间不长，但在那里结识的资深造口师胡宏鸯，对她影响至深。"老实说，第一次我也有点心动。"蔡蕴敏很坦诚，"胡宏鸯老师让我把走的理由和留的理由，一一写下进行比较。你问问自己'到外面能干什么'、'留在这里又能干什么'。"很快，她想清楚了，"我不能走，这里的医院需要我，远郊的病人需要我。"

胡宏鸯是蔡蕴敏造口启蒙老师，老师将自己的技术毫无保留地教给蔡蕴敏，老师的为人深深地影响着蔡蕴敏，她也想将技术和信念传递给年轻人。

2010年开始，蔡蕴敏承担起金山医院全科医生临床伤口护理操作授课，此后又开始接受进修护士的临床带教。从1996年至今，蔡蕴敏将进修所学的技术及理念悉数传授，带教的大、中专护生超过1000名，其中2名已成为国际造口治疗师。2010年，"蔡蕴敏伤口、造口护理组"在金山医院成立。2013年，蔡蕴敏迎来了以她名字命名的工作室。

因为造口护理对消毒的要求不算太严格，蔡蕴敏的团队也主动向病人家属传授基本的护理方法，服务无力负担就诊费用的病人。"希望最新的伤口和造口疗法让年轻护士接受、传承下去。希望穷困的病人能获得更大的资助力度，看得起病，好好生活下去。"这是她对未来最大的愿望。

对话

说说你的中国梦，你最大的梦想是什么？

我的梦想？我现在的梦想是搞好健康教育。把预防压疮、正确处理造口的知识告诉老百姓。当家里有卧床老人、瘫痪病人等有可能出现压疮的情况时，尽早学会预防压疮的办法，避免出现压疮。一旦有压疮苗头，尽早处理，尽快减少病人的痛苦。现在造口病人越来越多，很多造口病人觉得自己是"废人"、怪物，抬不起头，走不出家门，生活质量大大降低。很多人因此对生活丧失信心，觉得活着没意思。其实只要护理得当，他们完全和正常人一样，打扮得漂漂亮亮，自信地生活。

护士这行很苦，你却做得很投入，为什么？

做护士的确很苦，现在护士辞职的现象挺普遍的。护士工作累、工作时间长、工资低，不受尊重，不被信任，护士被病人打的新闻时有耳闻，再说现在大多是独生子女，很多人不愿当护士。这可以理解。

我喜欢这个职业，一个人能全心全意做喜欢的事，又因为自己的付出得到那么多肯定和支持，我很快乐很满足。

去年年末医院策划节目，打算排一个我和小雪之间故事的小品。起初，院方担心小雪的父亲不同意，丧女的伤疤谁愿意再去揭呢？没想到小雪的父亲不仅配合演出，还主动要求在小品里加入自己的心声。

我的脚只有34码，平日鞋不好买，大都只穿童鞋。有一次，一位杭州的女病人看着我的脚，说了句："蔡老师，你的脚真小。"本以为她是随口说说，哪想到病人再来时，亲手递上一双手纳的棉鞋。两个月后，病人的女儿又拿来一双，还抱歉地说："蔡老师，我妈妈说上次那双做得不好，重新给你做了一双。"

我的病人就这么朴实，我帮他们做了一点点事，他们都记在心里，我知足了。我的病人感谢我，说我帮他们解决病痛，其实，我更感谢他们，是他们信任我，给了我提供服务的机会，我在他们身上实现了自己的价值，我很幸福。

现在医患矛盾很突出，你碰到这样的问题吗？

医患矛盾突出，很大一部分是由于沟通不畅引起的。这个有时很难解决，尤其是三甲医院，那么多病人排队等看病，要是每个病人医生都不厌其烦，耐心解释，估计时间就不够了。但我们护士就好多了，我们和病人沟通的时间就多了。做人要换位思考。像我们医护人员，要多想想要是我是病人希望医生怎么对待我。多换位思考就好了。

现在找我看门诊的病人很多，很多人是大老远赶来的。为了让他们少排队，我们采取了预约措施。市区的就约晚一点的时间，能早来的约得早一点，尽量减少排队等候的时间。

我也有被"冤枉"的时候。有次给病人换口袋，让病人女儿把腰带给我，她说给过了，我找遍了也没找到。但她一口咬定给过我了。我也不跟她争，赔她一根。等她走了，其他病人悄悄告诉我，她的确没拿腰带来。我想可能是我看她对老人不好，说过"自己也要老"之类的话，她记恨了。

被"冤枉"一回就被"冤枉"一回。她冷静下来，估计内心会感到歉疚的。

工作这么忙，家里顾得上吗？

这个真的顾不上。有上班时间没下班时间。家里人问几点到家，有时要会诊，有时要出去换药，还真说不上。

我参加造口师培训的时候，刚好女儿进入市区学校读高中。我身在外地，只能由丈夫和公婆陪伴女儿。女儿从小都在我们身边长大，一直比较宠，第一天上学的时候地铁坐反了，就在电话里和我哭诉。那时女儿的胃不好，每天早上都会呕吐，我身为医护人员，却照顾不了女儿的身体，内心特别难过。

不过我还算个好妈妈吧，女儿要高考那年，起初我是一周去市区看她一次，高考前一年改为天天往返。6月份是病患高峰，每天只能在公交车上补觉。

我公公婆婆对我很好，什么都不让我干，一回家就有现成的饭菜，饭来张口。我同事笑我，蔡蕴敏除了换药啥都不会，能认得回家的路就不错了。

采访手记

蔡蕴敏是个柔弱的人。和蔡蕴敏握手，她的手特别轻柔，唯恐稍微用点力就会弄疼你一样。她说话口气是轻柔的，说话时脸上带着淡淡的平和的笑。

蔡蕴敏是个善良的人。找她看病的人很多都是农村里人，很穷。20岁的农村姑娘小黄，癫痫症发作时将开水打翻在身，浑身上下严重烫伤。小黄家境贫困，住院治疗几天后就出院了，准备门诊换药。小黄无法行动，无法乘公交车，"打的"又打不起。当时正值炎夏，疮面很快感染，母女俩陷入了困境。蔡蕴敏得知后，隔天上门换药。在最炎热的七八两个月，她顶着炎炎烈日，隔天赶到村里为小黄处理疮面。"我不给她换药，她会严重感染的呀。"

换药有十多种敷料，最便宜的油纱布，六元一片；最贵的银离子辅料，二百七十多元一片。蔡蕴敏总是想方设法替病人"抠"一点：能用便宜的，就用便宜的；实在要用银离子辅料，她就根据疮口大小，将一大片剪成几小片使用，让几名病人分担费用。她还经常争取免费指标，用赠送的药品，解经济困难患者燃眉之急。

蔡蕴敏治好了无数病患的伤痛，却从未接受过他们的"好意"。因治好了母亲的"老烂脚"，小林给蔡蕴敏送去一篮自家种的橘子，篮子底却塞了个装有1500元的红包。没想到，过了几天，红包被原封不动送了回来。

一次蔡蕴敏路过一家锦旗店，发现制作一面锦旗要两三百元。第二天，她就把诊室里的锦旗全部收了起来并"规定"：从今以后，尽量说服病人锦旗不要送锦旗。她不想增加病人负担。

处处想着病人，但没时间考虑自己的事。工作26年，蔡蕴敏至今还是"主管护师"中级职称："实在没时间复习职称英语，也没时间写论文！"

蔡蕴敏柔弱，脾气极好，但她不失锋芒。看到有些人嫌弃父母，父母身上烂出大洞了还是无动于衷，这种时候，她就要给做子女的洗脑子了，"我要光火，我要说他们了。"

（回南）

童静：我相信每一个时刻要专注做好一件事

童静，1965 年生，上海国际招标有限公司董事长，上海市注册咨询专家、高级经济师、高级国际商务师，上海市咨询行业协会副会长。

她以对招标事业的执著追求和勇于创新的精神，带领国际招标团队为重大工程、中外客户提供专业咨询服务。为上海迪士尼国际旅游度假区、上海世博会、上海青草沙水库、虹桥枢纽、上海交响乐团迁建工程等市标志性工程建设项目提供招标及配套咨询服务，业务拓展到 10 多个省市。

她曾获得 "上海市劳动模范"称号，三度获得"上海市三八红旗手"称号，2012 年度荣获"上海市三八红旗手标兵（提名奖）"，并荣获"中国十大科技咨询职业女性风采人物"、"中国国际招标年度人物"、"首届长三角杰出青商"、"上海十大青年咨询精英"、"上海十大青年经济人物提名奖"等一系列荣誉。

同龄人追逐潮流都换了好几个职业了。但从大学毕业到现在，童静只做一行：国际招标。

别人升职跳槽都已经换了好几个公司了，但童静从新员工到董事长，只在一处：上海国际招标公司。

照理说，她古板吧。不然怎么能像老人家一样，20 多年如一日在同一个地方工作不挪窝。但看她工作呢，又实在是创新的。在她的带领下，上海国际招标有限公司的各项经济指标逐年创新高，营业收入 2012 年比 2010 年增长了 59.27%；利润总额 2012 年为 2010 年的 1.2 倍；缴税总额从 2010 年度的 5463 万元激增至 2012 年的 1.2 亿元，公司先后荣获"全国商务系统先进集体"；

"中国最具活力服务贸易企业 50 强"; "上海市五一劳动奖状";
"上海市重大工程立功竞赛优秀公司"; "上海市文明单位"; "上
海市信誉咨询企业"; "党支部建设示范点"; "上海市争先创
优先进基层党组织"; "上海市模范职工小家"; "上海市服务
贸易优势与潜力企业"; "全国招标代理机构诚信创优 5A 企业"
等一系列荣誉称号,实现了跨越式发展。

坐在董事长的办公室里,她依旧保持着小女孩的热情。"我
比较幸运,一毕业就能来这么好的公司,进入这么好的团队"; "如
果是别人在一样的天时地利下来做我的工作,一定能做得更好。"
她再三强调。谦虚地把自己的努力轻描淡写一笔带过。

但员工们都知道,童总通宵熬夜加班起来,"很狠的!"

坚守

童静一直记得这么一个镜头:

刚刚工作不久的她,被公司委派去英国出差。那是上个世纪
80 年代末 90 年代初的伦敦。站在异国街头,她被眼前大都市物
质的繁华和设施的先进怔住了。站在一家超市门口,她想这是什
么样的商店啊,商品如此琳琅满目还不需要售货员。站在一栋办
公楼的自动扶梯前,她想这是什么高科技啊,上海都没有。那一
刻心中的震撼和憧憬,她一直没忘。"我也希望把故乡上海建设
得这么好。"小女孩暗自发誓。

如今再回忆这个镜头,那些后辈或许难以理解童静心里的触
动。上海现在早已是世界数一数二的繁华城市,最先进的设备和
最繁华的物质充斥在城市各个角落。似乎,早年出国见世界者的
梦想已经实现了。但童静知道,还不够。因为,上海的软实力还
需要加强。

在童静工作的上海国际招标公司(上海国际招标有限公司的

前身），她奋斗的领域正是现代服务业。相比看得见的硬件建设，如何在这个领域与国际同行同台竞技，考验着领头雁全方面的能力。

近几年，作为现代服务业的招标市场竞争愈演愈烈，仅上海地区各类招标公司不下500家。不少公司为了夺得项目，采取大幅度降低费率或其它特殊手段，这对整个招标市场是一个很大的冲击。

大家都担忧招标未来的路在何方。童静却说，降低费率不是企业的长久之计，企业的立足之本、发展之路在于业务创新、管理创新和文化建设。在市场竞争日趋激烈的环境下，童静倡导提出"产业链前伸后延，创新增值服务"的战略发展新思路，带领国际招标公司突破单一的招标代理业务，引入工程配套造价咨询、货物采购配套进口代理、涉外税务咨询、投融资咨询等专业咨询服务环节，在业内树立起了"前期投融资咨询服务——中期国际、国内招标代理和造价咨询——后期货物＋技术进口"一条龙、全方位的配套服务模式，大大丰富了招标的内涵和外延。

早在2002年，上海市水务局经上海市人民政府授权委托，尝试上海竹园第一污水处理厂项目采用BOT融资招商方式进行特许经营，时任国际招标公司副总经理的童静成为了"勇吃螃蟹的第一人"。她带领专业团队吸收借鉴国际招标科学严谨的程序，草拟各类法律框架协议，成功促使政府与民营友联集团签订了《特许权协议》，使得竹园第一污水处理厂特许经营项目成为上海市首例将民营资本融入本市公用事业建设的里程碑式项目典范。此后，竹园第二污水处理厂、金山区水质净化厂、崇明城桥污水处理厂等融资招商项目陆续承接，投融资咨询服务俨然成为国际招标公司继国际、国内招标后的又一个拳头产品。在童静的直接领导下，国际招标团队承接上海市供排水企业融资招商特许经营项目达到16个，总设计处理规模超过310万立方米／日，为三分之二以上的上海市民提供着水务服务。同时在供排水特许经营领域无论是在项目数量还是在项目规模上，为上海市走在全国的领先行列立下汗马功劳。

创新

童静，是个不睡午觉的人。

看到员工遇到困难，她超级理解。但看到员工偷懒求安逸，她超级不理解。"比如有的人说女员工做了母亲会分心。但以我为例，我特别爱自己的儿子啊。我生了孩子后，专心在家带他两年。但等到孩子能上托儿所时，我就专心来上班。我相信每一个时刻要专注做好一件事。"

自一线业务人员逐渐成长至公司"一把手"，童静要保持高度的市场敏锐性和高屋建瓴的前瞻把控性。

在巩固市政公建工程、水务环保、规划设计和方案征集、舞台机械、医疗卫生、BOT 融资招商、投融资项目财务咨询等公司传统拳头服务产品的基础上，童静将市场开拓重点瞄准国家投资重点的转向，近年来大力进军市政重大工程、文化媒体等热点产业。

2012 年，国际招标公司承接了亚洲水务公司——一家注册于新加坡并在新加坡交易所上市的从事水处理和管理专业化公司的聘请，担任其收购南方水务股份项目的财务顾问，童静亲任项目总监，组建团队负责协调境外会计师事务所和境内外律师事务所对南方水务进行尽职调查，并对南方水务的股东权益提供估值服务。童静率领顾问团队深入南方水务旗下分布在广东、湖南、江苏、云南、福建五省的 17 个水务项目现场。

夜夜通宵加班。尽可能在短时间内收集到第一手、详尽、深入、完备的尽职调查资料。最终公司确立了方案，建立了科学的估值模型，提供的《估值报告》获得了业主和境外保荐人的一致认可，并提交新加坡交易所严密审核后，获准予以公告。在短短 3 个月时间内完成此项艰巨的工作，为业主最终成功收购争取到了宝贵的时间，如此出色的表现令业主赞不绝口。经过业主的口口相传，上海实业控股有限公司也聘请了国际招标公司担任其收购某上市公司旗下水务项目的财务顾问，该项目目前正在操作中。

几年来，国际招标公司已先后在天津、珠海、北海、重庆、南京、昆山、苏州、广州、江西、福州、贵州、浙江、山东、湖南等十多个省市开展业务，特别是在天津滨海新区和珠海港珠澳大桥及周边区域开发的进程中从前期规划方案征集阶段即为业主提供专业咨询服务，将国际招标优质服务品牌的效益辐射到了全国。

慎独

童静不服输。

和先生一起开车去外地旅游，两个人都争着要做驾驶员，谁也不愿意让出方向盘。有时，童静如愿做了驾驶员，到了路途中的休息服务区也不肯下车，就怕先生乘机来开。

"因为，我啊，天生喜欢做有挑战的事情。比起安逸地坐在后排吹冷气，我愿意做开车的人。"

这样的性格，倒是很适合童静的工作。招标行业是一个十分敏感且具有挑战性的行业，有时，利益的驱动往往战胜了责任和使命。童静坦言，从事招标可能会进入到一个灰色地带，但是 SITC 并不是一切都朝经济利润看齐，更不会唯利是图，因为公司应该而且必须承担起社会的责任。

面对纷繁复杂的招标市场，公司从来没有发现员工违法违纪，面对招标项目动则几千万，上亿元的大项目、大合同，公司讲究的是用制度来管理，用民主来管理，用科学来管理。在首先符合中国的法律法规，符合《招标投标法》的前提下尽量做到让多方面满意。在 SITC 里不仅没有掉队的员工，而且员工的稳定性非常强，离职率很低。

正是这样一支队伍，在 2005 年受上海实业集团委托，在全世界范围征集位于俄罗斯圣彼得堡投资的"波罗的海明珠"项目规划设计方案，吸引到了来自美国、英国、加拿大、荷兰、德国、法国、俄罗斯、瑞典、比利时、中国香港的 17 家世界顶尖设计师事务所前来竞标。

不过，童静也是一个极具"人情味"的企业领导人。不仅员工生日那天，公司会送上生日蛋糕和贺卡，每逢有职工子女参加高考，公司也会提早安排好车辆接送。她还为员工办理健身卡、组织退休职工新年聚餐、为新婚员工送祝福。如今，她请来一位瑜伽老师，在工作间隙教员工练习，童静自己也参加。

她介绍给员工的老师，已经年近六旬，但身段婀娜，举止优雅，不输少女。"我们经常笑她妖啊，但真心觉得她值得学习，因为瑜伽老师能在这样的年纪保持这样的身材，背后需要常年的意志力和自律。而这也是我希望我的员工永远的素质。我可以聘请更年轻貌美的老师，但我决定请她做瑜伽老师，是因为我觉得对她这份精神的学习，早就超越了简单的健身健美的目的了。"童静乐在其中地凹造型道："学习新东西，心也不会老"。

对话

在职场打拼 26 年之后，你已经在这个公司做到了顶层，是得体的领导和业界的前辈。不过回到一切的缘起，对你来说生活中最重要的是什么？

当然是爱情啊。（坐在独属董事长的办公室里，眼前的少女双眼炯炯放亮。）你也许想不到吧，看到我今天女强人的样子。

人们初次见面，可能会想当然地认为我是个事业为重的女性。但在我心里，感情才是最重要的。

1992 年，因为放不下在故乡的恋人，我已经得到赴英进修机会，但还是选择回到上海。这个选择，奠定了我今后的人生基调，也反映了主导我一生的性格。

什么样的性格？

任性撒娇、争强好胜，想来上海女孩子有的坏毛病我都有呢。不过，我对自己的选择特别负责。负责到底。

当年，正是恋人在职场上对工作的投入姿态打动了我。我渴望如自己所爱的人一样，在事业上全情投入。后来，我放弃海外的机会，回到国内结婚生子，因为产假而错失了许多晋升机会，在孩子两岁后我几乎从零开始地回到岗位。上个世纪九十年代初的上海，正进入高速发展的阶段，两年在家哺乳的时光，让我几乎对日新月异的世界目不暇接。

我离开岗位的时候，一个公司的人合用一台电脑，等到我重返职场时，已经每个人一台电脑了。面对全新的办公环境，我连五笔打字都不熟悉。心里想着，哎呀哎呀，我可真的落下好多。

可我一点也不怕。不适应的阶段很快就被克服，三字开头的那十年里，加班成了常事。工作带给我的愉快，是超过了薪金和晋升利益之外的纯粹的愉快。

工作对你而言，是乐趣。

是的，有人玩棋牌、有人购物消费，但对我来说，工作成了我确立自我，树立信心最大的来源。我从中能体会到单纯的快乐。

后来，我的恋人成为丈夫，始终如良师益友一般给我鼓励和支持。在事业上，我们也一直互相鼓励。开始独立拓展业务新领域的时候，我曾犹豫，也致电丈夫询问意见。"如果当时他说一句，不要太辛苦了，你回来我养你吧。相信很多女人都会觉得这是老公能给出的最贴心的回答了。"但我丈夫当时的回答是，"这么一点困难，我相信你能克服。"在终于跨过了那道事业之槛后，我想想丈夫当时的激励，心里还是很敬佩的。

他从不要求我做依附于他的小女人，而是鼓励我寻找到自我。而自我是真正让一个女人拥有魅力的奥秘。而我如此努力，也是想不输于他。没有爱情，就没有丈夫；没有丈夫，我就不可能变成一个更好的我。我也不可能在职场上飞得这么远，也不敢在事业上走得那么久。

采访手记

童静活泼、爽朗，有话直说。

坐在她的董事长办公室里，她说爱情、谈生活，无拘无束地坦承自己感情上的任性，也毫不讳言自己为事业付出的努力。她说，自己是家中老幺，也许从小被宠坏了，因此也如假小子一样，不听话、不知畏惧。

虽然已经在社会上摸爬滚打多年，但她还是有一股子小牛犊的勇气，一种不管不顾的锐气，一种活泼泼的生命力。

真是难得，也真是，老天爷对她的厚待。

她说，"我很顺"。入职后第一份工作，做了一辈子。踏上社会后爱上的第一个人，携手一辈子。"我并非刻意追求或者安排过我人生的道路，我不过是相信自己的直觉，并且敢于追随自己的直觉。不折腾、不动摇。"

她像婴孩一样，会反射性地紧紧握住她能接触到的首个东西，一旦认准目标，绝对不回头。她也像海绵一样，善于从生活中不断学习，善于向身边的人学习，对她来说，每天都像上学求知那样新鲜。每一天，每一个新认识的人，每一项任务，都是来教会她一些新知识的。

1988 年的时候，招标业在中国还是一个新兴行业，几乎对所有人来说，都是一个比较新的领域，因此更多地需要从社会中学习、摸索和积累。当时，上海国际招标有限公司刚刚成立，而且是为上海首次利用世界银行贷款项目上海合流污水治理一期工程建设专门成立的。就冲着这个项目和这份挑战，童静选择了上海国际招标有限公司，从此踏入了招标行业。

从业时间越久，她越是深刻地感受到，招标业是一个相对比较复杂的行业，并不是简单地跑流程、走程序。从项目前期与业主的沟通，到过程策划与各项缜密安排，再到对中标结果的颁发，合同的谈判，每个项目都要抓住其不同的行业特点，每一步都需要充分体现"公平、公正、公开"的原则。越是工作资深，童静越是感到招标是一门深奥的学问，越做越感到自己知识的困乏。

另一点让她感触很深的是，十多年来，人们对于招标的认识由浅入深不断地发展着：由最初政策规定政府投资项目不得不招，到后来招标意识逐渐强化，越来越多的企事业单位积极参与，再到现在招标理念被充分认可、接受，许多业主包括不少外资和民营企业投资的项目都主动要求采取招标方式。作为亲历这一转变过程的招标业内人士，她深感欣慰。

对于家庭，她很感谢丈夫始终如良师益友那样陪伴和指导自己，更感谢孩子的诞生带给她学习的机会。"如果没有孩子的到来，我不会习得耐心、仔细、善于倾听这些技能。我也没有机会跟着他，再体会一次成长的滋味。"当孩子出生的时候，她请假在家整整两年，亲自带他。

我问她，既然你先生的事业也很不错，当时为何不干脆就辞职回家，做家庭主妇呢？

她笑道：如果我是那样的人，现在的这一切都不会有。我既不会在工作上有所建树，也不会拥有好的家庭。

"你以为一个女人彻底牺牲自我，能够保障家庭的幸福吗？不，我认为，恰恰是当一个人女人能确立自我、寻找到自我价值后，她才能为一个家庭带来幸福。"童静说，在她的身边，不乏一些好的伴侣和不好的伴侣。如同托尔斯泰所说：幸福的家庭总是相似的，不幸的家庭各有各的不幸。那些能够携手多年还相处愉快的伴侣，往往是男人事业有成的同时，女人也在自己的领域颇有建树。这样的建树或者成功，并非简单地以官阶或者收入高低来衡量，而是看是否能真正施展一个人的志趣和才华。一旦抱负得到真正的施展，双方相处时都会感到愉快，也会感谢对方。

好的爱情，不是遇上了多么好的对象，而是因为有了这个对象，自己成了多么好的人。童静相信，唯有携手共进，共同探索发现人生的美好，才能使得夫妻之间的关系得到长久的滋养。"为有源头活水来"的爱，才能为婚姻中的双方带来提升。这样的婚姻，不会是自我牺牲的坟墓、也不是压抑需求的桎梏，而是好的学校和加油站。

现在，她开始要把生命交给她的宝贵一课，教给自己的孩子。她说当她的孩子面临择校时，她曾熬夜找到所有相关学校的网站，挑选出优劣特色做了一张表格，翌日沾沾自喜地交给儿子，觉得自己这个妈妈真是到位。殊不知，儿子拿出自己早就做好的对比表告诉母亲：你只是根据社会评价在衡量学校，而没有根据儿子自身的特色、喜好和特长来择校，"事实上，我已经心中有数，将来要去哪所学校了。"

那一刻，她欣慰又沮丧，默默感到，自己到了要学会放手的时候。百感交集之余，最后还是为孩子感到深深的自豪。"小小年纪，他能这样有主见，我其实很为他高兴。因为有主见这样禀赋，其实是随我的遗传啊。"

她说，周游了世界之后，她最喜欢的还是故乡上海，也常常想到，自己为上海的繁华出了一点绵力感到欣慰。随着上海的经济发展，她在国际舞台上也越来越感到海外对上海的重视。想起年轻时痴立伦敦街头的场景，她很开心自己成为这整个过程的见证者和参与者。

她最喜欢《玫瑰人生》这首歌。"当他拥我入怀，我感受到玫瑰色的人生，宛如天堂的叹息"。有人看我，是个商人，有人看我，是个领导。但其实我说说，我是个浪漫至上的人，"你相信吗？"童静俏皮道。

（沈轶伦）

吴尔愉：要做一个有能力的好人

吴尔愉，1963 年生。她在上海家喻户晓，在全国亦有相当知名度。大多数人认识她，是因为她有另一个无比响亮的名字——空嫂。

从 1994 年上海航空公司首度放宽年龄招聘空乘开始，至今已整整 20 年。特殊的年代又恰逢历史转折点，竟然让企业招聘员工这么一件小事，不仅轰轰烈烈地波及了全国，还实实在在地触动了千千万万人的心弦，成了中国改革开放时期一个承载了政治、经济和民众情感的文化大事件，更奇特的是，这个事件还具有持续的影响力，20 年来几乎没有间断过。

这个文化大事件的主角，自然是从几百万纺织女工中千挑万选出来的 18 位空嫂，而 18 位空嫂中最受瞩目，后来成为标杆式人物的就是她——吴尔愉，曾经被评为 1997 年度上海市劳动模范、2000 年度全国劳动模范，全国"五一"劳动奖章获得者；她所在的集体也先后获得上海市"三八红旗集体"称号、"全国用户满意明星班组"、"全国三八红旗集体"称号。

为什么是你？这是记者见到吴尔愉问她最多的一个问题。

初春，记者坐在虹桥机场附近的"吴尔愉工作室"里，和她聊了整整一个下午。说起来，吴尔愉也是我近 30 年记者生涯中，一个重要的采访对象。1994 年 11 月，我在参加市妇联和上航领导共同举行的妇女再就业座谈会上，敏锐地嗅出了"空嫂"这件事的新闻价值，在我们《新民晚报》头版头条独家首发了《民航能不能招"空嫂"》的报道，一石激起千层浪，直至后来的"空嫂热"席卷全国。20多年过去了，面对吴尔愉，我同样百感交集。

那天下午给我留下最深刻印象的是吴尔愉的眼睛——50岁的她，眼光像孩子般的清澈，没有杂质，从不闪烁，你可以一下子看到她的同样单纯的内心。

18人中，她个子最矮，也绝对算不上最漂亮，当时还不是党员。在我看来，之所以最终是她成了标杆和旗手，不是因为她比别人聪明，而是她比别人更"傻"些，她是个只管努力做事，不懂索求回报的人。

20年来，始终被社会的聚光灯笼罩的她，有太多机会可以为自己谋个一官半职；成了明星的她，也有机会可以为自己挣得金钱和利益，但她直至今天，仍然还在第一线做空中乘务员，仍然还保有20年前刚入行时做啥事都不敢怠慢的心态！

为什么是她？答案甚至出乎我自己的预料——因为吴尔愉活得比一般人更简单！

加入很偶然，选上很意外

当年，上海市妇联请纺织局的领导开座谈会，上航领导说到用放宽招聘空乘的方式来推动大龄女工的再就业，这个想法和当时正绞尽脑汁解决大批下岗女工问题的市妇联领导一拍即合。但当时上航有顾虑，因为国家民航总局还不同意。结果《新民晚报》头版头条率先发出了"民航能不能招'空嫂'"的报道，引发了极大的社会反响，推动了空嫂招聘的进程。只是当时可能谁也没料到，这件事后来会在全国形成了一种极富正能量的"空嫂效应"。

吴尔愉就是无意中从《新民晚报》上看到的招聘启事。身边很多人对她说，可以去试试啊。可她没太往心里去，心想整个纺织系统当时有38万人下岗，纺织女工千千万万，这个人群太庞大了，哪轮得到自己呀。有一天刚好是休息天，吴尔愉和老公一起去逛"大自鸣钟"，逛着逛着无意中就走到了招聘现场。她说那一刻才知道什么叫做"人头攒动"。

别人都在大声嚷嚷吵着要报名表格，挤不过别人的吴尔愉，一直安静地站在一边，没想到后来那个招聘老师主动问她，还给了表格。出来玩的吴尔愉什么户口本、照片、证件也没带。那人笑着说，没事的，明天补交过来就行。那是1994年年底的一个冬日，当天这一幕，每一个场景，每一个细节都深深地印在吴尔愉的脑海里。那一年，后来纺织局各个厂家都挂上了大幅的招聘广告，那真的是纺织系统的一件盛事。

整个选拔过程，让吴尔愉很受煎熬，因为从小到大，她也没被那么关注过。每天很多人、很多次从头到脚地把报名的女工看过来看过去，挑选，体检，反反复复，一次次十个人一排站出来，巴巴地看着考官，结果谁被送上一声"谢谢"，就得立马起身回家。吴尔愉每天都眼看身边的姐妹被淘汰，心想她们都很优秀啊，其中也有长得很漂亮的，居然只是因为笑起来嘴有一点点歪，就落选了……后来连上航也不忍心了，空嫂的名额从原先的14人增加到了18人。最后选出的18人，大美女不乏其人，吴尔愉年龄倒数老三，个子还最矮，最终能被选上，吴尔愉自己都觉得有些意外！

当时，吴尔愉所在工作的部门办公室一共5个人，说好了必须要有一人下岗。她最年轻，心里暗想，能当空嫂也好，如果我能出去闯一条新路，办公室其他人就安全了。

1995年的3月7日，吴尔愉正式离开工作了多年的上海纺印染机械厂研究所，3月8日去上航报到。

整个被选拔的过程，痛多于快乐

被万众瞩目的感觉好不好？吴尔愉的答案是否定的。

在纺织局举行的送别会上，老领导语重心长说了一番话，说她们肩负着所有纺织工人的期望，一定要走好每一步，才能为更多的姐妹再就业开出一条宽敞的路，一定得为娘家人增光……万里挑一地被选上，吴尔愉心里却没有多少得意和开心。她形容那种沉重的感觉，就好像一个落魄潦倒的人家，穷得连自己的孩子都养不活，只好送给别人，却还任由别人来千挑万选。娘家人也好伤感，座谈会上，不仅女工们伤心，连40多岁的男人也在流泪。这些，都让她感觉到"痛"，自己得到的并不仅仅是一份新的工作那么简单，和其他许多空嫂一样，更多的是承接了一份沉甸甸的使命感。

吴尔愉直到被选上，走到了台前，才慢慢理清她在这件影响了全国的事件中的角色。

面临从未有过的如此大量的纺织女工下岗，在一向被视作只能吃"青春饭"的空中乘务员招收中，放宽年龄的限定，这样的做法在特定时期有特别的意义。90年代初期，大多数国人都习惯了将年轻貌美和空姐划等号，民航总局在最初收到这样的请求时也很有顾虑，举棋不定，这是一个打破多年惯例的事情。

也因此，18位入选的空嫂受到了全国媒体的高度关注，好像每天都生活在聚光灯下。但吴尔愉清楚，这样的情形未必都是好事，因为并不是所有人都完全理解"空嫂"的真正意义。太受媒体关注的空嫂们后来进了上航，承受的压力更大。许多年轻的空姐就很不以为然：你们干嘛工作起来这么卖命，凭什么你们就这么受关注。把她们冷落到了一边。工作中，有人会因为出于对空嫂的嫉妒和不满，故意刁难和出难题，下班了会有意开走唯一的班车。90年代出租车没那么多，也没有手机等等通讯手段，他们是故意要留下空嫂在远离市区的深夜里抓瞎……也有空嫂被排挤，被投诉。但大家把这些委屈、愤懑统统吞咽下去，就因为她们是肩负重任的空嫂啊。"现在想起来，是那些为难我们的人造就了我们，给了我们机会更努力地去学习，也获得了成长。这世界上永远就是有这么明白的道理啊。我们这 18 人就是这么痛过来的，但我们是吃过苦的纺织女工，有这个打底，不怕的。"吴尔愉回忆当年的那段历程，历练多于委屈。

如果有机会让我自己选，我希望不做标兵

吴尔愉这样评价自己："认真做事是我的天性，其实无论交给我什么工作，我都会尽全力去做好。"18 人中，吴尔愉条件并不好，身高、容貌都不算出众，也不是中共党员。她只是一直默默地去干好本分工作。做空嫂时，她女儿 5 岁了，做过妈妈的知道如何体察别人，这点确实强过年轻人。

吴尔愉时年 32 岁，带教师傅 23 岁，但已经是一个老资格的空乘了。师徒在一起的日子里，师傅慢慢开始理解上航为什么要招空嫂。

为何会比其他空嫂多受到关注，吴尔愉回忆，大约缘于这么一件事：上航有一个退下来的老领导名叫黄河，开战斗机的总飞行师出身，是个作风很严谨的人。吴尔愉飞行有三个月了，那天，老领导乘坐在她当班的飞机，在完全不知情的情况下，一直很细致地在观察吴尔愉。老领导事后说，其实没有谁委派他这个任务，只是想亲自到现场真实地了解一下，被人们热炒得沸沸扬扬的空嫂，到底怎么样？后来下了飞机后，他给上航的领导写了一封信，认真谈了他的观察结果，说空嫂真的不一样，很优秀。

不久，吴尔愉被评为"最佳徒弟"，领导要求这位徒弟在师傅们面前谈一谈自己的工作体会。为了上台讲 5 分钟，吴尔愉说她前一夜紧张地在家练了很久，可上台怎么念的稿子自己完全不知道，一直在发抖，虽然底下听的师傅从年龄上说都是她的小妹

妹。这是她有生以来第一次在那么多人面前讲话。

一年后，也就是 1996 年，吴尔愉被评为了"十大职业标兵"，从那时起，压力就随之而来了，但她觉得，自己也没有调整好心态，觉得这根本不是她想要的，其实只是想好好做自己的事。

过去中国的民航，对空乘服务没有太具体的标准，大多数只是一种操作程序，比较刻板，连工作手册都只是手抄本，没有那么多人性化的东西，但随着这个行业的发展和市场竞争，要求才开始逐步完善、细化，也恰好无意中和这批格外珍惜工作岗位的空嫂正在做的不谋而合。

第二年，吴尔愉就被评为上海市"三八红旗手"，第三年又被评为上海市劳动模范。接着又被送往天津民航学院念书，荣誉越多，压力越大，角色变化也越来越多。她自己也在想，为什么是我？学院进修时吴尔愉的室友是个优秀的空嫂，她也问，为什么什么好事都落到你头上？吴尔愉当时发自内心地回答她，"如果可以让我自己选，我情愿做你。如果不是那么多的头衔和荣誉，我应该可以有更多的时间陪孩子、陪家人，可以有时间在家里做家务活，实际上这些才是我更喜欢也更看重的东西啊，而我现在却要花很多时间做领导组织要求我做的事，基本上都是'规定动作'，而极少有我自己的自由空间……我做劳模，自己没有节假日，没有自由支配的时间，我的家人也都连带着为我作牺牲，他们更多的时间里是在为我付出和承受辛苦。"

沉甸甸的托付，从不敢轻忘

受委屈、被误解的时候，吴尔愉也什么都不想干了。有很长一段时间里，在工作安排表上，她找不到一天休息日。尽管这样，还会因参加一些社会活动而耽误了上班，结果考勤时被扣分扣奖金……但其实，这样的念头并不会停留太久，更多的时候，她会记得当初纺织局和市妇联领导委以的重托。吴尔愉总会想着，如何让企业、领导和大家的帮助和投入"物有所值"，并通过自己的努力将其发挥到最大化，只有这样才能感恩所有人的关爱，才能不负众望。空嫂，要为纺织系统的姐妹探一条路，也要为更多的"嫂"谋求幸福前程，这样的嘱托，她未敢轻忘。

工作中，吴尔愉不懂也不会和领导套近乎。实际上，上航的老总家就住在她哥哥家隔壁，但吴尔愉一次也没上过他家门。因为她觉得不需要去做这些，努力尽心地把自己的事情做好就行了。不钻营，也无所图，吴尔愉做人的原则遗传自父亲的执著，也因此周围不少朋友会说她傻。

说来可能别人可能会不信，当空嫂 10 年后，吴尔愉每月按规定飞行 70 个小时，工作量很大。当时上航有位女领导无意中问起她的收入状况，了解她大吃一惊："啊，怎么你的岗位级别居然和一个机场的地勤阿姨一样！

吴尔愉倒很平静，清楚自己驾驭不了那么多复杂的东西，就还是回到最习惯的方式：简单地做人，努力地做事。

2003 年，上航送吴尔愉去上海工会干部管理学院念书，结束后领导给了她一次重新选择的机会。吴尔愉说她当时内心也有挣扎：要不要借这个机会为自己找个"官"位？最终，她还是用"适合不适合"这个标准作了权衡，权衡的结果是，自己不适合做官。她和领导说，你们千万别批评我不求上进啊，我学成回来，如果你们能让我继续做一个普通的乘务员，我会很愉快的。

飞行，对吴尔愉来说是件"好开心的事"。一个航班上，一大半客人都认识她，大家都说她是上航的"流动景点"，这让她很享受这份工作。打那以后，吴尔愉一边干老本行，一边还兼任了上航培训中心的教员，这样的选择没有带来什么光鲜的荣誉和实际的利益，倒是增加了更多的辛苦，飞行回来，再晚也要把第二天上课的内容准备好，但吴尔愉觉得从中获得了更多学习机会和成长空间，感觉其乐无穷。

这么多年，简单最能给吴尔愉带来快乐和满足。

好的家教比上大学、拿高学历更重要

吴尔愉是个不会吵架的人，但凡吵架，总是输家。"所以出门在外，如果碰到蛮不讲理的人，我会选择躲开。我也从来不觉得吵架能解决什么问题。"

吴尔愉这样的习性很像妈妈，"她就是一个很平和的人，但又极聪明，一个柔柔弱弱的女人，工作干得是纺织机械的技术活，她就一辈子认认真真一丝不苟地，最终成了高级技工。在家里又什么活都干得很出色，就像上海人说的，粗活细活她都拿得起来。我最佩服她了，当年她可以自己裁剪、自己缝，做出难度极高的中山装，和外面买来的一样，有一次，我爸爸单位要排演京剧《沙家浜》，我妈妈居然能帮我爸做出一件'刁德一'的军装！直到现在，她还喜欢自己做衣服穿。我妈真的好厉害，烧菜也一级棒，她做的酱鸭、鳝丝一点也不比外面饭店的差。除了不会吵架，她好像没有不会的！今年她70多岁，仍在不断学习，我爸爸身体不好，8年前就因肾衰竭被医生判定只有两年时间了，但妈妈从那时起开始潜心研究中医，精心调养，那么多年过去了，我爸的肾功能奇迹般地好于8年前了。"谈起妈妈，吴尔愉很是骄傲。

聪明的妈妈很早就知道为孩子择校，一定要努力为孩子找一个良好的学习环境，因此不惜舍近求远，千方百计把吴尔愉送进了市三女中，哪怕每天上学路上骑自行车也要40多分钟。

吴尔愉爷爷奶奶家在上海很有文化底蕴的愚园路上，那是一条西班牙建筑风格的老洋房弄堂。在吴尔愉印象中，爷爷每天总在那里读书读报，还喜欢在书报上画上很多条条杠杠，还写了一手漂亮的好字。常带着孩子们坐 20 路电车去他上班的外滩玩。小时候，如果和爷爷一起吃饭，孙辈必须得等爷爷动筷子了才能跟着动筷，吃完了，做孙辈的还要及时地为爷爷送上热毛巾……从小在那栋老房子里长大的吴尔愉，潜移默化地继承了上一辈人的有礼有节的待人接物方式，还有基本的道德修养。"我现在知道，好的家教作用太大了，有时甚至比上大学、拿高学历更重要。一个人长大以后的说话习惯、肢体语言，大都是从小带来的。"

阶级斗争的特殊年代，有些女工举止做派生猛张狂，缺乏美感。当空嫂出现时，大家开始探讨什么样的女性才是美丽的，当时纺织局有个老领导说过这样一句话让吴尔愉印象深刻，他说："女人要像女人"，还说，"如果女人像女人，男人像男人，这个社会的很多事就能做得好了。"吴尔愉听了觉得太经典了。做了空嫂后，她一直有这样的愿望：我要以我自己的行动让大家知道，你们过去对纺织女工的偏见是错的。

我把飞机客舱当成一个收藏丰富的"图书馆"

别看吴尔愉忙，但爱好不少。手工编织，是最爱，舍不得丢掉。前不久，吴尔愉还送给好朋友一件礼物，是用细细的羊绒毛线勾的镂空花外衣。朋友拿回家给自己的妈妈看，她妈妈说，这可不是一般人能完成的，堪称精品哦。心灵手巧的吴尔愉对各种针情有独钟，诸如钩针、绒线针、缝衣针都爱不释手，一有闲暇，就去做这些手工活。"我家里大床上的床罩，也是我用本白色的细羊绒线一针针勾出来的，看到的人都会惊叹，好漂亮啊，那要花多少工夫啊！可我觉得一点也不难，比如你在看电视时，和朋友、家人闲聊时，只要手里别闲着，没多久就完成了呀。"吴尔愉的这个本领，是小时候妈妈训练出来的，妈妈一直说，时间宝贵，学会了巧妙安排，就比别人多出来了时间。吴尔愉笑谈，后来才知道，妈妈说的还是一门很高深的"统筹学"呢！她还喜欢收集好看的真丝面料、收集喜欢的鞋，只是一直苦于家里住房太拮据而不能如愿。

吴尔愉在烹饪方面也是一把好手。当年一出嫁，就和公公婆婆生活在一起，她的好针线活和干家务的能力"征服"了婆婆。"当时我们的经济条件有限，家里人的毛衣基本由我包揽，婆婆的绒线大衣都是我一针针勾出来的，记得我怀孕时直到进医院生产前一天，还织好了一件公公的大毛衣。更记得有一次，婆婆在厨房看我做酸辣汤，亲眼见我将一块嫩豆腐切成了细细的丝，之后，她再也不批评我做的任何事了。"说起这些，吴尔愉眼中闪着小小的得意。

吴尔愉还有一个特别的爱好：喜欢读书，更喜欢读人，而她的专用"图书馆"，就是平常工作的飞机客舱。她说，那里的各式人等太有可读性了，这大概也是我不会厌倦工作的重要原因吧，读生活这本书，能从中悟到许多意想不到的知识和学问。

会利用和统筹时间，这样的能力可以受用一辈子。就像做乘务员做教员，再忙事情再多，吴尔愉也可以做到有条不紊，从容应对。她享受这样的工作带来的乐趣，更享受回到家里做自己喜欢的事，所以吴尔愉一直认为自己应该不是那种只会工作，不懂生活的工作狂。

对话

你是个好妈妈么？你有时间关心孩子么？

对女儿，我心有惭愧。当空嫂时，女儿才 6 岁，即将上小学，正需要妈妈关照，可我根本没时间和精力。女儿从小到大的学习，我从没帮过她，如今她已经在英国攻读法律专业硕士学位，但我回想起来，这么多年我只参加过女儿学校一次家长会。

但女儿的成长恰好也验证了，孩子的养育，有时并不在于家长必须时时陪伴、事事操心，甚至于包办代替，重要的是，家长的做人态度、平常行为以及价值观，这些实实在在的东西，才是真正影响孩子的因素。20多年来，我很少具体帮女儿做什么，但我和她从小就有一个约定：妈妈工作不好是妈妈自己要负责的事情，你学习不好，也必须你自己全权负责。结果是，她把自己管得很好。她从小就很懂事，从不让父母操心，学习好、品德好，且十分独立。现在国外留学，也是自己选的专业，自己规划将来。女儿不仅读书好，还极有生活情趣！女儿前几天刚传过来的烹饪图片——有色面很好看的广东叉烧，还有自己烘烤的蛋糕、鲜肉月饼，当然还有女儿画的画……小时候，没人教她画画，她会自己跑去外面进修学校报个班学画；后来又喜欢上了古琴，不管学习多紧张，她还会腾出精力去学琴。

读大学有一年，女儿觉得自己还没有想清楚自己的今后该怎么安排，情绪有些低落，我知道这个当口，做家长的不能急躁，孩子的成长不会总是一帆风顺，但这个调整过程却只能由孩子自己去完成，父母不能简单地给压力或代替她解决问题。结果女儿决定让自己休学一年，好好静下来想一想，我们尊重她的选择。后来的事实证明，孩子经过认真调整，又整理好心情又振作精神出发了。

对女儿，我可能确实不像许多妈妈那样有那么多絮絮叨叨的要求，但女儿很清清楚楚地知道我对她有一个期望：要做一个有能力的好人。

那么多年里，你凭借什么优势做得比别人更优秀？

我也说不太清楚。有人说，因为我这张脸总是笑着的，也有人说，不是因为我能力比别人强，可能其他优秀的空嫂更适合做管理工作或其他什么工作，但我却是最适合做服务工作的。我自己觉得我妈妈的解释更到位，她说我是"戆人有戆福"。后来我才知道，黄河对空嫂的"微服私访"不止我一个，而我自始至终都浑然不觉。

从时劳模到全国劳模再到五一奖章获得者，五年里，我从痛到纠结，到被不理解，到自我解脱、自我认识，我就像完成了一个挣脱蚕茧的过程，这个过程也让我真正明白了什么叫团队，我的一切成长都是靠团队支撑的，我只是一个团队的旗手、代表。既然被选中了，那就有了责任。想通了这些，我坦然了，也会鞭策自己要更用心地去工作。

我很清楚，每个人都有自己的弱点，因为做了万众瞩目的空嫂，也让我有机会认真地审视了自己。我有很多不足，比如课堂学习和完成功课的能力，我不如我的年轻同事。可我又很清楚地知道，我对各式各样的人很敏感，我在飞机上工作时，可以在第一时间觉察到乘客的需求和想法，这让我得以非常及时地、到位地做好服务工作。于是，懂得了最聪明的做法是扬长避短！谁没有弱点，但我可以智慧地去改良这些弱点。

我从小就是个乖乖女，连在课堂上举手发言都很少，从没做过领导，从小就是个很好的被领导者。但我的肢体语言很有优势。很小妈妈就送我去学习舞蹈、学习游泳，到市三女中后还参加校队打了三年排球。这些都给了我一个强健的身体。我说话比较慢，小时后邻居们都叫我"嗲妹妹"，这可能是遗传吧，我妈妈说话就不快，但我觉得这恰恰是我的一个优势哎，我在和我的乘客说话时，慢慢的语速会留给对方思考的时间，这是会让很多人感觉舒服的。奇妙的是，我的慢语速丝毫也没有影响我成为一个做事很麻利、动作敏捷的人，从孩童时期起，我就能既管好自己还要照顾好父家里的一切。父母要上班，家务都是我来做。

套用一句流行提问：这么多年，你幸福吗？

作为妈妈和妻子，我是很幸运的。女儿从小到大我基本不管，对老公也是一样。我们夫妻感情一直很好，但我不会去干涉他自己的工作和事业。他原来也在纺织系统，我当空嫂时，他也是因为同部门三人中必须有一人下岗，他就毅然而然主动退出，选择了自己出去创业。我们都是属于中年才重新奋斗的那种，但其实我从不苛求他一定要成功，在他事业低谷时，我会说，没关系啊，你就算不做了，有我一份收入我们俩也不会饿着了……同样也是经历了挫折、奋斗、失败、成功的甜酸苦辣，他其实一直很努力，也很不容易。先是做房产，多年后近 60 岁了还大胆跳槽转入金融界，当初也是从最底层的工种干起，最后都成了管理者，一直干得很不错且越来越好。我对老公唯一的要求是，你要让我晚上睡得着觉，我们永远不要去挣不该挣的钱，去拿不属于我们的东西。

结婚后整整 13 年，我们一直和公公婆婆挤住在一个小小的阁楼上。结婚用的钢丝椅，还是我和老公踩着黄鱼车从浦东摆渡到浦西，辛辛苦苦运回家的。那时的生活条件虽然很差，但现在回想起来，还是幸福甜蜜更多一些。另外，也是缘于我妈妈从一开始就和我约定，嫁为人妇就决不能再隔三差五地往家里跑，要专心致志做好媳妇，因此，尽管一开始很不习惯有些简陋的住房条件，也很难适应三个能说会道的姑娘整天在我身边晃，但我很好强，再辛苦再委屈，我都不会回娘家诉苦。我觉得一个女人的成功在于，她能帮她的另一半找到自己最舒服的生活方式，同时也找到事业的方向。

现在好了，老公的多年奋斗终于给我们自己买了较大的房子，最近正在装修。深知我多年的爱好和心愿，老公这次竟然一咬牙，特意为我在新房里做了两个步入式的衣帽间！

退休了，我想我会去做一个义工，可能会去医院吧，但依然还是做为别人服务的事。我也不知道为什么，我这么多年，我到哪都会"犯病"，我会观察人，观察别人服务的优劣，哈哈，我还真的是爱上了为人服务这桩事情了……

采访手记

坐在我对面的吴尔愉，穿一件 V 字领深灰羊绒毛衣，配一条蓝绿相间的丝巾，很美很知性，50 岁的人了，什么都写在脸上，这是一个活得特别踏实的人。

身边那么多女人，我见过劳模、标兵、工作狂、女汉子；也见过更多将自己的生活依附于他人、每天说许许多多不知所云的话、做各种各样平庸琐碎的事、最后都不知道自己是谁的女人……见到吴尔愉，我由衷赞叹，她怎么就能举重若轻地把女人的优点都集中在身上又拿捏得恰到好处！她既做劳模、标兵，同时还保有女人的优雅和贤惠，说话永远轻轻柔柔，做事从不张扬轻狂。她知道自己要什么，更清楚自己可以要什么，还特别善于"一根筋"地把手边的事情做到最好。从小到大，她都没学会和人争，今天看来，不争不抢一辈子，她却得到了任何一个女人都最想要的东西——就像当初在空嫂招聘现场，别人都争先恐后地抢报名表，可负责发表格的人，却偏偏注意到了安静地站在一旁的她……

所以，吴尔愉不仅是空嫂的标兵旗手，更是一个完美女人的典范！

我注意到她脖颈上戴着一块深绿的玉，形状是一片树叶。她说，这是有寓意的，可以时时提醒自己：我就是一片树叶，很平凡，但有存在价值，即便枯黄了也能成为大自然的养料——说这些话的吴尔愉俨然像个哲学家。

（宋铮）

张琼燕：为地铁奉献，就是我的宿命

张琼燕，1960 年生，上海申通地铁集团技术中心信号技术总监兼列车运控研究部主任。作为申通集团的"五朵钢木兰"之一，这位国内外业界公认的信号专家主持了上海地铁 1、2 号线延伸线、5、6、7、8、9、10、11、12、13、16 号线及其延伸线等 20 多个市重点工程信号系统的涉外技术谈判和数不清的设计联络会议，毫不夸张地说，上海轨道交通线路 80% 以上的信号工程建设，从项目招标到技术谈判都是由张琼燕负责完成的，为上海地铁的网络化建设做出了突出的贡献。同时，张琼燕作为专业领军人物承担了国家 863 项目，科技部、建设部、市科委等各类大型项目和集团科研项目 41 项，多项研究成果填补国内行业空白，达国际先进水平。

张琼燕主持编写多项国家、市和企业标准，获得各种专利 9 项、国家设计金奖和优秀设计奖、市科技进步二等奖、市优秀工程咨询一、二、三等奖、集团科技进步三等奖等，获评上海市三八红旗手标兵，获上海市重点工程实事立功竞赛市级记功 2 次，并获集团"科技英才"称号。她的团队，也荣获"十一五"上海交通港航行业"优秀科技创新团队"称号、上海市巾帼文明岗称号。

第一次打电话给张琼燕约定采访，她报出的地理参照物是"桂林路吴中路口西南方向第七根电线杆"，第一次碰到有人这样描述自己的地理方位，顿时让我感受到了女工程师特有的精细。采访那天，我饶有兴致地从十字路口开始数电线杆，嘿，不多不少，走到上海申通地铁集团技术中心的大门前，果真看见了第七根电线杆！

坦白说，在钦佩其精细的同时，我也隐约以为，自己将见到一位居里夫人式的女科学家：神情严肃，衣着朴素，言辞拘谨。不过，见到张琼燕本人后，我的臆测却被颠覆了。

50来岁的张琼燕，留着齐耳短发，倘若打理一番，便成了时尚教母靳羽西的标志造型。暮春的下午，略显燥热，印花烫金丝的中袖西装，时髦而不张扬，得体地配衬着她生动的表情和爽朗的语气，让我一下子对接下来的采访有了信心。

不夸张地说，在落座采访前，张琼燕这三个字已经给我带来了不小的一番心理变化。

心中有杆秤：拒绝高薪回家乡创业地铁

披着漫天星光，走在拂面微风中，不由自主地哼起轻快的歌儿，步子也愈发灵动起来——加班晚归，这是张琼燕一天之中最惬意的时刻。或许一般人更容易将凝重的眼神、拖滞的脚步、疲惫的心情之类的形容词与夜夜加班的工作节奏联系起来，然而，张琼燕，却因为热爱和责任，将加班当成了一桩美好的事情，甚至，值得享受的状态。

如何把不可能变成可能？这还要从张琼燕踏上这条道路的缘起娓娓道来。

1978年，小丫头张琼燕成为了文革后第一批从中学毕业后考入高校的大学生。选填专业，是哥哥帮她拿的主意。那时，正是流行"学好数理化，走遍天下都不怕"的年代，兄妹俩都被专业介绍里神奇的"四个自动化"的描述一下子给吸引住了，于是，张琼燕便成了上海铁道学院信号专业那一届屈指可数的几个女生之一。风华正茂的象牙塔生活，给张琼燕留下至今难忘深刻印象的，是老师上的第一堂课——安全教育课。从此，"安全"二字，在她的脑海里，留下了深深的烙印。

毕业分配，尽管母亲十分不舍，她还是被分到了远在天津的铁道部属设计院，不过，在那里，她得到了更大的锻炼。带教的师傅发现，这个小丫头与之前分配来的学员大不一样，能力强，求知欲旺盛，开始给她压担子，让年纪轻轻的她就开始设计相当于上海、天津这样大枢纽站规模的108组道岔大站设计、特殊电路设计等任务。

在忙忙碌碌的设计生活中，张琼燕从黄毛丫头成长为独挑大梁的主力队员，因此，在挑选人员外派西门子公司承担广州第一条地铁施工管理工作时，张琼燕当仁不让地成为了第一人选。将年仅四岁的女儿托付回上海娘家，她独自来到广州，开始了新一轮的提升。

1998年底1999年初，当张琼燕希望回上海与女儿团聚时，西门子公司对她依依不舍，开出高于设计院工资几倍的薪水挽留她，不过，归心似箭的她，还是毅然放弃了1.5万元工资外加补贴的不菲收入，回到了生她养她的故乡——上海，投入到正如火如荼的地铁二号线建设中。

巾帼胜须眉：一次谈"倒"五个对手

上海地铁从第一条线路建设到第二条线路，很多设备都逐渐实现了国产化，信号系统和车辆仍然需要从国外引进，而且，直到现在，信号系统的国产化率仍然是最低的，许多核心技术仍掌握在外方手中。这就意味着，我们需要耗费大量外汇采购外方设备，有理有据的商务谈判成为尽可能节约外汇的关键。

张琼燕参加过5、6、8、9、10、11、12、13、16等上海大多数地铁线路的采购谈判，并且，从第二次参加6号线谈判时，就开始挑起大梁。说起6号线谈判，有一段轶事让张琼燕的"女汉子"形象至今仍被很多外国同行津津乐道。

那次谈判的对手是一家业内顶尖的法国公司，外方首席代表是第一次来上海参加谈判，人高马大的他万万没想到，眼前这个娇小的亚洲女性竟成为无法攻克的堡垒。

这是一场持续三周的拉锯战。第一周，外方没有在条款上占到一点便宜，首席代表或许是紧张过度，第七天就因为盲肠炎发作住院了。第三周谈判结束，外方如释重负，道出实情：在这紧张的三周时间里，谁谁谁挂过盐水，谁谁谁感冒了，谁谁谁住院了。掐指一算，竟然有五个人跑过医院。他们特别佩服张琼燕和她的团队居然全体屹立不倒，都以为上海人是铁打的胚子。

殊不知，其实，张琼燕可不是钢铁造就的女汉子，在这几周里，她可是靠着白天一粒"脑轻松"，晚上一粒"百服宁"才坚持下来的——那时，谈判是在密闭的宾馆房间里，没有时间概念，只有一条接一条的合同条款，每天到了下午，张琼燕都累得连话也说不动了，正好那时广告里都在宣传考生要吃"脑轻松"提神醒脑，这下，她正好找到了救星，每天下午开场前服一粒"脑轻松"，晚上看材料看到凌晨一两点，再服一粒"百服宁"，压住被周围人传染感冒的症兆。谈判结束后，外方代表好奇张琼燕他们就能这么坚强，张琼燕从包里掏出"脑轻松"，外方专家哈哈大笑："原来你有秘密武器！"

其实，"铁娘子"张琼燕没有什么神奇的地方，有的只是比别人多一份的责任心和使命感。

带着一丝自嘲，她说起一件小事。

在被灯光照耀得分不清楚昼夜的谈判间里，他们从早上一直谈到了晚上9点才结束。骑着自行车回家的路上，张琼燕经过一家小饭店，一股菜肴下锅的香味径直钻进她的鼻子里，她心里暗笑自己："我真是馋，刚闻到香味，肚子就饿了。"回到家，女儿招呼她："吃饭了吗？"她这才想起来："哎呀，还没吃饭呢！"原来，那天晚上，她谈得太专心，竟然连自己没吃饭的事情都不记得了。

长期的饮食不规律再加上巨大的工作强度，即便是"铁娘子"，也有吃不消的时候，不过，张琼燕总是抓一把药片压一压，接下来继续坐上谈判桌。日积月累，她的肝功能有不小损伤，经常身上发出一片片的红疹子，最严重的时候，满脑门都是。就算如今工作压力有所减小，胳膊上仍然是一粒粒的红疹，"这也算是工作留给身体的一种印迹吧"，她达观地翻起袖管，这样向记者解释道。

后来，在张琼燕从建设口调到技术管理口，不得不离开谈判桌，不少曾经与她争得脸红脖子粗的外方代表都舍不得，甚至有些担忧，少了这个让人"又爱又恨"的对手，接下来的谈判能否顺利进行。张琼燕好奇地问对方："'恨'我能理解，'爱'从何来？"

原来，外方代表都觉得，张琼燕是一个真正懂行的技术专家，她能据实提出最合理的解决方案，还能促进外方的产品和技术本土化，不仅在上海得到应用，更能举一反三地推广到国内其他城市地铁建设中，看起来，张琼燕的较真给他们找了麻烦，实际上，却是给他们真正带来双赢的合作。

在进行 7 号线合同谈判时，一项技术功能的实现涉及到追加费用，外方的翻译人员解释了张琼燕的要求后，投标经理把头摇得像拨浪鼓，一个劲地说不行。张琼燕希望对方的翻译重新按照她的说法再翻译一遍，老外还是不答应。张琼燕忍不住了，干脆直接说起英文，没想到，老外听完她的话，脸色马上变了，立刻点头说"Yes"。原来，张琼燕不愧是行家里的行家，她的解释揭示出解决难题的关键点，恰如其分的解释立即让老外意识到这是一个对他们同样有利的改变。

还有一次，在 2 号线从 6 节编组更改为 8 节编组时，外方最初始终坚持无法在混编时保证车辆的 2 分钟间隔，张琼燕听完对方的理由，闷头想了一会儿，"刷刷刷"在黑板上写下一组公式，对方站着盯了几分钟，松口了："可以，我们两个月拿出新方案"。结果，按照张琼燕的建议，外方仅仅时隔一个月就拿出了调整后的方案，顺利实现了 2 号线混编车组的高效运行。

正因为这些原因，外方才对真正懂技术的张琼燕十分买账。有一位外方代表曾经态度嚣张，打心眼里瞧不起上海的合作伙伴，别人都在会议桌上谈纪要，他却独自沉浸在手机游戏里。不过，后来的他对张琼燕心服口服，张琼燕不宣布谈判结束，他有约在身也不敢请假离场。

自主有创新：打破垄断节约巨额外汇

信号系统，是地铁的神经中枢，其构造之复杂，不亚于人脑之精密。发展起步较晚的中国地铁，虽然，信号系统的国产化率在整个地铁系统中至今仍是最低的，张琼燕带领她的团队为尽力提高这个比例，做出了巨大的贡献。

2009 年，2 号线北翟路车辆段开通后，由于承建方不是很有经验，造成正线和车辆段设计的接口界面不合理，北翟路车辆段的出段能力仅为每小时 4-5 对列车，远远低于正线早高峰时段每小时 17 对列车的要求。

人潮拥挤的早高峰，车库里的车辆闲置着，只能瞅着前线的大客流干瞪眼，这可如何是好？地铁方想请外方改造，然而，对方报价高、工期长，无法满足世博会前完成的要求。

想法得到了公司领导的大力支持。求人不如求己，张琼燕一咬牙："自己想办法！"

很快，在她的带领下，自主知识产权的"调车自动进路和列队自动追踪"和相应的工程实施方案让人眼前一亮，造价低，工期短，出段能力很快提高到每小时 17~18 对列车，满足了正线高峰时段的运营要求。张琼燕"一不做二不休"，继而引出了对全网络 19 个车辆基地出段能力是否满足远期正线能力要求的网络化前瞻性课题，并辅以仿真技术、安全反演技术等，形成了运营管理、网络规划、新线建设和既有线改造等四方面体系化扩能应对策略、五个专业技术标准条款，在此基础上研发了具有自主知识产权的新型计算机联锁扩能系统，在解决城轨交通网络化运营的关键问题上取得新的突破。

这项研究成果创造了 7 项关键创新技术，获发明专利申请 2 项，软件著作权 1 项，相应技术标准填补了行业空白，达到国际先进水平，同时获得 2011 年上海市科技进步二等奖。研究成果成功应用于北翟路停车场改造工程，节支资金 1200 余万元；若在上海城轨网络推广应用，将节约资金约 2 亿余元，潜在经济效益和社会效益巨大。

另一项填补了国内空白并达到国际先进水平的科研成果也是张琼燕团队的杰作。

几条地铁线路相继确定土建、线路方案后，动拆迁也接近尾声时，建设方发现，列车的运行追踪间隔和折返间隔与终点折返站的线路配线设计不匹配，并不像线路设计人员想像的那么理想。此时，再让外方更改信号设计方案，代价惊人，也会拖延几个月的时间，给线路施工带来很大影响。

办法总比问题多。张琼燕迎难而上，快速组建科研攻关团队。她身先士卒，夜以继日地攻关创新，做了大量的数据计算验证、算法比对等基础工作，在团队青年人的共同努力下，超前完成了 CBTC 系统核心技术的原型论证，创建了具有自主知识产权的 CBTC 系统仿真实验算法和仿真分析平台，提出了 5 个技术创新点，其中 2 项申请发明专利，获 1 项软件著作权。

国内外行业专家通过论证后，对张琼燕既震惊又钦佩。若早期建设的 17 个车辆段采用该软件验算，将可避免远期与正线能力不匹配造成的改造工程，节省改造费用约 2.7 亿；若用于前期配线设计验算和后期运营能力验证，面对全国新、旧工程，直接效益一年可创收约 1000 万元；与国外供货商的仿真相比，除节省大量时间成本外，直接成本节省约 73%。

幸福如花儿：家庭是最好的港湾

相夫教子，是女性的天性，然而，对于其中一些佼佼者来说，仅仅是这一方天地是无法发挥其才能的，社会对她们有着更高的期许。张琼燕就是其中之一。

从家庭来说，张琼燕坦承自己的付出并不足够。比如连续几年每晚从不早于 8 时回家，到了家里只能匆匆扒两口冷饭，来不及给先生做出一桌色香味俱全的佳肴；比如不能在女儿养成性格的关键几年相伴身边；比如……"幸而"，张琼燕说："家人都很理解支持我。"

张琼燕和爱人一直是同事，从最早在天津的铁道部设计院，到现在的上海地铁，共同的专业、共同的抱负和共同的兴趣，让他们凝聚成一对紧紧相依的伴侣，不仅在生活上，更在工作中。

刚回上海那几年，蜗居只是一间小屋，晚上需要处理的突发状况却很多，所以，经常出现这样的画面：手机铃声一响，夫妻俩一个躲在卫生间，另一个钻进厨房，压低嗓门说话，唯恐惊醒酣睡的小女儿。如今，张琼燕转到了技术中心，爱人在建管中心，虽然两个人的专业分工有所区别，然而，即使是在深更半夜，一旦地铁发生的故障通报到爱人的手机上，两个人还会一起戴上眼镜，打开电灯，坐起身来，讨论分析。同时，夫妻俩还一起做科研课题，将车辆基地出库能力从每小时 5 对提高到 18 对，这项成果获得上海市科技进步二等奖，正应了"夫妻同心，其利断金"的老话。

虽然父母都是工作狂，张琼燕的女儿却很争气，如今正在英国读服装设计专业的研究生，很快就要毕业归国了。说起女儿，张琼燕的语气中溢满母亲的自豪与幸福。她说，自打女儿出生，夫妻俩就商量好要从小培养女儿的独立自主精神，所以，送进幼儿园时，老师一直夸奖她人小能力强，不仅能管好自己，还能帮比她年长近一岁的大孩子系鞋带。女儿对妈妈也是当成偶像一般地信服。

上中学刚接触电子电路时，女儿感到有点吃力，张琼燕鼓励她："我和你爸都是物理脑袋，你怕啥？"有一次物理考试，女儿被最后一道试题难倒了，回来一说，张琼燕说："我只要两分钟就能做出来。"女儿不相信，母亲果然一边朗读题目一边就把相应的电路图随手画了出来，看看手表，两分钟也没到，才30秒！女儿心服口服，更重要的是，从此掌握了方法，之后再也没有因为电路图犯过愁。

女儿很庆幸有这样一位睿智开明的母亲，有一次，张琼燕听女儿在电话中骄傲地对同学说："如果我考不好，我妈才不会骂我呢。"张琼燕心里暗暗高兴，女儿能明白自己因材施教的苦心。

最近，高考刚刚结束，这勾起了她的回忆，又想起了女儿参加高考时的模样。第一场考完，女儿很沮丧，因为第一场语文考试就出师不利，到了第二天晚上，她有些想打退堂鼓的模样。张琼燕坐下来与女儿谈心，鼓励她把第三天的考试当成第一天来对待，半小时后，女儿转忧为喜，又像一个战士一样，有了必胜的勇气和决心。

有女如斯，张琼燕十分欣慰。工作业绩斐然，家庭和谐美满，对一位女性来说，还有什么更幸福的呢？

对话

每个人都有梦想，无论是在怎样的年龄、怎样的工作阶段。相信像您这样生机勃勃的女性，即使已经到了知天命之年，也已经在工作中实现了一次又一次的跨越，但也一定还有许多梦想吧！

是的！我还有我的"中国梦"！

工作上，现阶段，我有两个目标。我是与上海地铁、中国地铁一起成长的，心中有点遗憾，中国地铁发展速度太快，以至于来不及事先制订标准，只能一边建一边写，相较走在前面的欧洲国家，技术条款比较缺失，所以，积累到现在这个阶段，我希望能在退休前尽快建立一套完整的标准，在我离开这个岗位后，这套标准仍然能为中国的地铁事业所用。现在，我已经做了很多技术标准以指导设计，距离退休还有好几年，我会用"加速度"，推动这套标准的问世。

另外，正如前面接受采访时所说的，国内地铁信号系统的核心技术仍大部分掌握在外方手中，我们在很多方面受制于人，我一直在想，到了哪一天，信号系统的核心技术能全部都是中国人自己的？

现在，国内已经有了一套拥有自主知识产权的系统，在北京、成都等地应用，不过，这样的系统还太少，外方的主动权仍然占了8成。我希望，中国人自己的核心技术能更多一些，不仅能在国内推广，还能走出国门，让中国地铁人扬眉吐气！

用年轻人喜欢的网言网语来形容，您可以称得上是一位"技术控"。这可与女性普遍给人的印象不一样。在几十年的工作实践中，您作为上海申通地铁公司的五朵"钢木兰"之一，在这个男性占主导地位的领域里，感觉到女性和男性工作表现中的差别吗？女性具有何种劣势和优势？

不瞒你说，有时候我也在反思，当初选择的专业对不对？答案是，我的性格与现在的职业很匹配。地铁信号设计需要逻辑性强的头脑和缜密的心思，这正是我的特点。所以，我能在工作中得心应手，获得成就感。

我们这一代人是从小被男女平等思想教育大的，但后来我逐渐发现，其实，男女肯定有别，没有绝对的平等，不过，这些差异并不阻碍各自在这个行业发挥能力。男性和女性应该各自发挥特长，优势互补，合作共赢。

看得出来，您为中国地铁发展忙碌了半辈子，对地铁发展倾注了太多的感情。是什么支撑了您呢？

前几天整理办公桌时，无意中看到一份材料，是 2007 年我在参加公司一项党员岗位承诺活动时对自己提出的要求，内容是八个字："尽心履职，科技创新。"这两句话让我又回想起过去几十年的许多工作片断，平心而论，从最初到现在，这两句话都是我的真实写照。

您把地铁当成自己的"孩子"，尽心抚育，眼看着它跨越式成长，您一定非常欣慰。不过，为了事业投入这么多，回到生活中，您会觉得属于自己和家人的时间太少吗？

你或许不相信，虽然工作很忙，但我也有很多爱好呢。喏，你看，这是我最近在旅行时拍摄的照片，怎么样，有点小专业吧？

呵呵。平时都是"地下工作者"，到了假日，我们夫妻俩都喜欢走到阳光下享受大自然，看美丽的花，走不同的路。我和先生经常结伴旅游，拍完一张得意的照片，当场就会对着液晶屏的回放讨论一番。

我还喜欢运动。年轻时，我喜欢打羽毛球，但总是苦于没有时间好好捉对厮杀一番。前两年，我在单位的工会活动上学会了太极，最近又从网上下载了课程，跟着教练做瑜珈。

年轻时候我还喜欢看小说，武侠、言情都爱看。做白日梦的时候，我就幻想着退休后一杯茶、一本书、一束阳光的惬意生活啦。不过，那时候我可就不只是看小说了，我希望能多补充一些金融等各个方面的知识，多了解一些资本的力量，弥补过去只知道技术的不足。

怎么样，我的爱好挺多吧？说实话，我太享受这份工作了，也太喜欢工作中的变化和挑战了，所以，也不遗憾属于自己和家庭的时间太少。记得有一次出差难得空闲，同事喊我一起打牌，我打得挺欢，同事们都说没想到。其实呢，谁不喜欢打牌、打麻将之类的消遣呢？只是我更恨浪费时间，所以，即使我会偶尔打打牌，但肯定不会沉迷其中。

您多次提到热爱工作、享受工作，那么，就一点没有遗憾了吗？

如果一定要说遗憾，唯一的遗憾就是陪伴女儿的时间太少，尤其是在她人格塑型的关键那五六年里，我们不在她身边，否则，今天她一定会更优秀！不过，生命轨迹不可能重来，所以，我也不会抱怨，更不会自怨自艾，一方面，我们应该活在当下，另一方面，如果那时候我没有毅然前往广州，也不会那么早接触到这么多新鲜事物，就无法参与到如今如火如荼的上海地铁建设中了。

我是一名地铁人，倘若有宿命，为地铁奉献，就是我的宿命！

采访手记

采访这朵地铁系统鼎鼎大名的"钢木兰"，源于一个偶然的机遇，采访之后，收获颇多，于事业，于家庭，于人生，都多了一番感触。

投身于光速发展的上海地铁建设事业，繁忙辛劳是必然的，然而，作为一名对自身有更高要求的女性，身为一位贤妻、一位慈母，张琼燕追求的并不止于岗位中的精益求精，更尽力平衡着家庭与事业的跷跷板，让自己不至于成为枯燥工作的机器人，也让生活不至于成为职业的附属乃至牺牲品。

忘了问一句张琼燕的星座，很可能她并不是天秤座的天生平衡达者，然而，在我的眼中，她的这座人生天平，重新定义了女强人的定义，也给初为人母的我本人，以及孜孜追求美好人生的更多女性，树立了一个榜样。

时间过去了几个月，许多关于她的细节在我的脑海中依然清晰，譬如"第七根电线杆"，譬如印花烫金丝的中袖西装，譬如爽朗明快的笑容……

毫不夸张地说，在职业生涯的无数次采访中，与张琼燕的相识，是其中让我格外珍惜的一次。

（孙云）

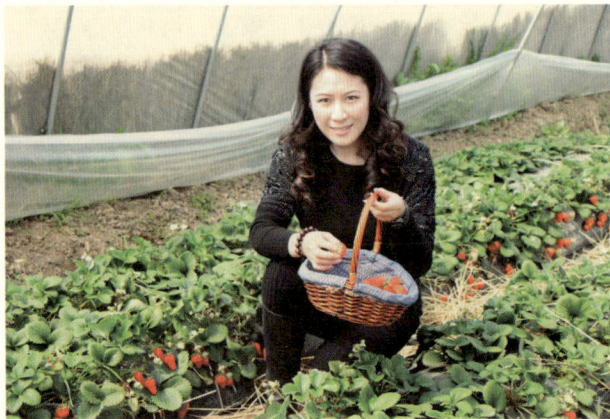

刘海燕：我们的目的是让中国人的饭碗更安全

刘海燕，1978年生，上海桂峰果蔬专业合作社理事长。

2008年起从事农业，创立上海桂峰果蔬专业合作社，并创建"桂峰台农"精致农产品系列知名品牌，现在合作社旗下有农户100多户，技术指导受益农户300多户。"桂峰台农种植园"占地1200亩，已成为有机农法引领示范种植基地，并建立D.P.O.数字化精准有机农业（现代物联网农业）标准操作与推广平台，开展标准化、规模化、工业化农业生产新模式。上海桂峰果蔬专业合作社与国外先进农业技术合作，展示、推广尖端农业科技与世界最新草莓品种，带动上海及周边地区农户种植高效益草莓和其他经济作物，形成特色农产品产业集群，促进农业产业化发展。

目前"桂峰台农种植园"已成为上海市郊集有机农园观光、有机草莓采摘和有机农法学习为一体的有机农业体验基地，实现农业科普、农园观光、农事体验和农产品销售的一体化运作和协同发展的农业发展新模式体系。

刘海燕致力于农业科技化，努力将上海桂峰果蔬专业合作社打造成国内知名的农业技术输出企业，为美丽乡村建设和智能化、生态化可循环农业提供方向性和技术性支持。

她于2012年被评为浦东新区三八红旗手，2013年被评为全国农村致富女能手。

2009年的小年夜，寒风刺骨，天又黑得早。路上行人个个归心似箭，这时候谁不急着回家和家人团聚，但在浦东新区（当时还是南汇区）惠南镇的桂峰果蔬合作社门口，由一节集装箱改装成的临时售货点前，排起了长龙。排队的人在寒风中静静地等待他们最期待的年货——草莓。

是不是当时上海买不到草莓了，不是。超市、集贸市场都有得买。

是不是这里卖的草莓特别便宜，不是。两盒草莓约1.5公斤，要180元，可能是上海最贵的草莓，还限购，每人只能买两盒。前面的人要是多买了，后面排队的就买不上了。

为什么那么多人推迟和家人团聚，大老远跑到惠南镇，花180元还要在寒风中苦等，就为买两盒草莓呢？因为这里的草莓特别好，特别新鲜，吃过一趟就忘不了。要说草莓，还要从种草莓的"草莓公主"刘海燕说起。

"草莓公主"原先端"铁饭碗"

刘海燕本来不种地。她1978年出生在惠南镇，8岁的时候就随父母去了西安。她的外祖父是上海第一批支援大西北建设的上海人，很早就到西安工作。上世纪80年代，刘海燕的父亲下海后也到西安办服装厂。刘海燕在西安读书上大学。从西安交通大学计算机专业毕业后，刘海燕回到上海工作。

她的第一份工作在中国电信。1999年这个工作被看成是"铁饭碗"。在同龄人月薪两三千元的时候，刘海燕的薪水已经远高于他们。但不多久，端着"铁饭碗"的刘海燕就看到了其中的危机。当时固定电话已几乎饱和，网络刚刚冒头，还看不到端倪，手机还没普及。电信通讯业似乎在走向低谷。

刘海燕果断跳槽。她的第二份工作是做进出口贸易。这份工作轻松来钱快，但刘海燕到了结婚生孩子的年龄了。

2005年刘海燕当妈妈了，等到孩子上幼儿园，她想重新工作时，她发现自己已经和社会脱节了，已经回不去了。

怎么办？刘海燕的丈夫是一家基建公司的老板。家里条件相当不错，刘海燕就是不工作，家里日子照样可以过得有滋有味。待在家里做太太，遛狗上美容院打麻将？这样的生活刘海燕不愿意。她说："那我父母白培养我读大学了，书白读了。"重新找工作？刘海燕说，自己这个年龄不愿意再当打工仔，"已经没有为别人打工的兴致了"。

新妈妈格外注重食品安全

因为家里添了小宝宝，做妈妈的特别关注食品安全。媒体上每一次食品安全曝光都让刘海燕揪心。瘦肉精、苏丹红、吊白块、地沟油、陈化粮，黄鳝喂过避孕药，腊肉用死猪肉加工，毒酱油用毛发勾兑，海蜇皮用福尔马林泡过，白馒头里添了漂白粉……粮油米面、鸡鸭鱼肉、蔬菜水果样样出问题，这不能吃那不能吃，"今天给孩子吃什么"是摆在刘海燕面前的头等大事，她犯了愁。

吃什么都不放心，干脆自己种。刘海燕在自己院子里试着种蔬菜，没想到自己那么喜欢种地，看着蔬菜一天天长大，心里美滋滋的。

如果职业和爱好是一致的，那么工作就是享受，这样的人生多美好。刘海燕决定自己给自己打工。刘海燕的丈夫工作中经常接触到拆迁地。一块地从拆迁到建设当中常有一段不短的抛荒期。土地撂荒很可惜，要是把这些地利用起来就好了。说干就干，刘海燕提出种地。

刘海燕自称是个"吃货"，她第一样想种的东西就是草莓。草莓营养价值高，含有丰富的维生素 C，在西方被称为"水果皇后"。但多少年了，刘海燕一直不敢吃草莓。因为草莓属于草本植物，植株比较低矮，果实细嫩多汁，这些都导致它容易受病虫害和微生物侵袭。刘海燕说，草莓从种下到成熟，整个生长过程中一直需要施用农药，而且一些种植户希望自己种的草莓上市早个头大卖相好，不惜用膨大剂、激素。草莓又不像苹果、梨，有皮可以削了吃。草莓外表疙疙瘩瘩的，皮又薄，只能靠水冲洗，但残留农药怎样才能冲干净呢？多少年来，刘海燕想吃草莓都不敢吃，自己种果蔬，当然第一个就种草莓。

有机草莓 一炮走红

第一年，刘海燕拿到 30 亩地，土地平整，机耕道路修好，排灌设施安装到位后，她拿出一块地育草莓苗。

辛辛苦苦巴望草莓苗快快长，不料 7 月的一场大雨把她育的草莓苗全淹了。自己育的草莓苗全军覆没，刘海燕没有气馁，她赶紧从浙江建德买了草莓苗种上。

"我们国家农耕文化 5000 年，但一直是粗放经营，讲到农民农业就觉得是老土。现在国际上最尖端的科技就用在军事和农业上。农业不简单，千万别以为种地没技术含量。"刘海燕说。为了学种地，刘海燕找来了强大的技术支撑。2009 年起，合作社陆续聘请了多位农业专家，成立技术研发小组，还聘请了两名美籍专家作为顾问，全程指导生产种植。

在她的合作社里，传统的耕作模式被彻底改变了：仓库里没有农药和化肥。不用农药，草莓长虫怎么办？刘海燕说，每年夏季最热的时候，草莓地刚好歇夏，地里加上肥，覆上地膜发酵，把细菌杀死。平时杀虫就用中草药萃取的生物农药和安装超声波频扫设备驱赶。不用化肥，所有的肥料都是生物有机液肥。合作社自己研制成功含有大量氨基酸和放线菌的鱼浆，作为农作物的最佳液体肥料和原始的生物农药。

合作社还引进国外先进的农业技术——波丽有机农法，采用生物科技技术，自制有机生物菌肥来分解了原先土壤中的农业残留，进一步提高了草莓的品质，避免了过量和不均衡使用肥料给环境带来的污染。

第一年30亩草莓一炮走红。"桂峰"有机草莓糯、香、甜，吃口特别好。在刘海燕的手机里存了一张照片，同样是21克的两颗草莓，一颗是"桂峰"的，一颗是其他农户"喂"过膨大剂的。"喂"过膨大剂的那颗看起来明显要大。刘海燕说，施了膨大剂的草莓果实大，但空，轻，吃口淡，果香淡，不耐碰，不耐放，没多少时间就坏。"桂峰"的草莓不用膨大剂，果实小，但结实，吃口香糯，耐碰，经放。虽然被人称为"天价"草莓，慕名而来的"吃货"源源不断。识货的人尝过一回就有数了。回头客就这样来了。

周边的农户纷纷上门取经学习，要求"加盟"合作社。于是决定扩大生产。6人一组，管理18-20亩地。第二年，草莓的种植面积从30亩扩大到200亩。到了草莓上市的季节，桂峰果蔬合作社的销售柜台前，来购买草莓的客户都会排起长队。他们说，虽然价格高，但吃口好，吃得放心。不少市民还特地从市区赶来，就为吃上放心草莓。

同时，"桂峰"草莓也走进了市区的高端超市，麦德龙、八佰伴、百联又一城等超市里也能看到"桂峰"草莓的身影。

由于生产成本高，"桂峰"草莓比市面上高出一大截，但因其口味佳、营养好、安全性高而供不应求，甚至出现电话打爆、上门排队等货的情景。"给我留3盒？"顾客电话里申请，"没那么多，2盒好吗？"刘海燕回答。没熟的绝不提前采摘，还要考虑后面顾客，不让前面顾客多买。在"桂峰"合作社，常常是订货电话打进来说好取货时间，刘海燕让员工提前一会儿到草莓棚里摘草莓。刚摘好没多久，买主上门提货了。有的顾客提盒子毛毛糙糙，盒子斜了也不扶正，刘海燕急着纠正他的姿势，"不好这样拎，里面草莓碰在一起会破皮的！""草莓公主"比谁都心疼她的草莓。

刘海燕介绍，由于气候与地理的原因，上海地区草莓苗大都从浙江省建德购买，而桂峰果蔬专业合作社利用先进技术，引进美国拉森峡谷 LASSEN CANYON NURSERY 脱病毒原种苗自主培育，实现了草莓的平地育苗，可大大降低运输成本，提高苗的成活率、产量和果实品质。

如今的桂峰果蔬专业合作社已成为浦东乃至市郊具有一定规模的有机草莓种植基地，也是"红霞"等草莓新品种的试种推广基地和"波丽有机农法"的示范基地。

赢在科技含量

高端农业有市场，刘海燕尝到了甜头，她打算把事业做做大。种植的品种从草莓拓展到小黄瓜、小番茄、火龙果。"桂峰"合作社种的彩色番茄不仅有传统的红色，还有抗氧化和美白功能更强的黑番茄，明目利眼的绿宝石小番茄，胡萝卜素更多的黄色小番茄，防癌的樱桃番茄。一盘番茄色彩斑斓，惹人喜爱，而且是"不用洗，拿着直接就能吃"的有机食品，在 2009 年的浦东新区农博会上大受欢迎。带到农博会上的五彩番茄被一抢而空，到 11 点钟就只剩下 5 箱黄番茄，一会儿，这 5 箱黄番茄也被一位顾客统统买走了。

红色的火龙果不稀奇，"桂峰"合作社正试种黄色的火龙果，不知道这种水果将来会叫黄火龙果还是黄龙果。

刘海燕自豪地说，目前"桂峰台农"的所有品种都是世界先进、国内没有或者正在试种的新品。合作社的宗旨是打造国内高端农产品示范基地和高端农产品生产技术输出基地，为此他们投入了大量的成本用来聘请国内外专家，将来在上海乃至全国推广高端农产品生产技术。

有机食品、绿色食品，无公害食品，这几个概念如何区分？无论是有机还是绿色还是无公害，用的是同一套检测标准，不同的是标准高低。有机最高，绿色次之，无公害最低。

刘海燕说，有机就是遵循植物生长原有的自然规律和储存包装要求，不添加任何化学类植保产品所生产出来的原生态的优质农产品。种植有机果蔬，需要满足健康的土壤、纯净的水源、良好的周边环境这三个基本条件。在上海，已经很难找到大片的成片的土地，土壤的养护十分关键。刘海燕说，因为上海市黏性土质，干了用刀都砍不进，湿了又很黏。除了抛荒3年，让土壤自然修复外，施肥很重要。合作社里就用牛粪饲养蚯蚓，用蚯蚓松土，蚯蚓还能提供有机养料。牛粪加上粉碎的秸秆，还能增加农作物的抵抗力。遇到果蔬有病菌了，就要用大量益生菌喷灌，开展以菌治菌防治；长虫子了，就要用超声波频扫驱虫和中草药萃取源液喷洒。同时，灌溉用水需要通过高科技的处理技术，将雨水、河水转化成符合国家有机农作物标准的农业灌溉水，才能灌溉。为了让河水成为合格的灌溉水，合作社刚刚斥资5800万元安装了大型水处理机设备，可实现水的杂质清除、农药与重金属分解及纳米细分子化活水。

乐于帮助传播技术

除了有机果蔬外，"桂峰"果蔬合作社还种植无公害蔬菜。现在合作社已经拥有2000亩土地，旗下有一百多农户，生产的蔬菜源源不断供应到上海市民菜篮子里。"在我这里，种蔬菜已经和过去完全不同了。育苗有育苗机，播种有播种机，收割有收割机，农民不再是面朝黄土背朝天了，"刘海燕说，"收割青菜的时候，农民用收割机把地里的青菜收上来，送到净菜车间。在净菜车间分捡干净，装进筐里再运出去。再也不用像过去那样蹲在地里埋头苦干了。"刘海燕正在实现她的梦想——建立D.P.O.数字化精准有机农业（现代物联网农业）。按照设想，网络将每个种植区域和中央控制室联系在一起。温度高了低了，湿度大了小了，人在中央控制室就一目了然。该施肥了，该浇水了，按照操作标准进行。以后人在中央控制室就可以掌控2000亩地。哪里要浇水，浇多少，在中央控制室就可以操作。哪里的菜什么时候可以收，人在中央控制室一清二楚，根据菜的成熟程度排出时间表。有了这套系统，可以做到果蔬生产的历史可追溯，现实可监控，未来可预测。

刘海燕的农业生产技术出了名。2012年刘海燕被邀请到新疆指导当地农业生产。当地一个养鸡场场主碰到麻烦了，养鸡场规模很大，鸡的排泄物成了令人头疼的大问题。养鸡场场主不知道怎么处理才好。刘海燕去实地调查后，发现情况的确很严重。养鸡场里臭气熏天，无从下脚，鸡粪堆得老高。刘海燕看到当地还有万亩枣林，"有了，"她马上有了主意。鸡粪拌上她带来的生物菌堆肥，然后撒到万亩枣林，这可是最好的有机肥料！当地一个棘手的问题就这样迎刃而解。"我很高兴能帮助他们。"刘海燕说。

很多农民种地凭经验。刘海燕举了个例子，冬天发现莴笋空心，以为是长虫了，拼命打农药，发现没效果，以为农药打得不够多，再加量。其实，这是因为莴笋前期挨冻了，打再多农药也没用。多打了农药，人力财力都多花了，菜的品质没提高还有农药残留超标的风险，还污染了土壤和水。"这些农民很可怜，偷偷摸摸用农药，种的东西还拿不出手。"刘海燕说，她愿意用自己掌握的知识，帮助其他农户，大家一起生产优质农产品，造福农民，造福百姓。

2013 年，刘海燕随上海妇女代表团去台湾访问交流。台湾的农业相当发达。上海派去的代表中有两人是农业专家，一位是浦东新区农业技术推广中心主任、水稻专家严秀琴，一位就是刘海燕。严秀琴是传统水稻种植的专家，她的经验代表了上海传统农业的最高水平。她介绍经验时，台湾方面的专家连连点头。轮到刘海燕介绍经验了，刚开始台湾专家可能以为大陆在有机农业方面比不上他们，可是一听刘海燕介绍，惊呆了，棋逢对手，双方马上投入切磋技艺。"可见我们做的不差！"说起这件事，刘海燕很开心。

天不蓝，水不清，食品不安全，刘海燕感慨道："我小时候都是喝河里水长大的，如今却只能喝桶装水，空气质量也在下降，动不动 PM2.5 就爆表。为了农业污染减轻些，为了让大家的饭碗更安全些，我愿意坚守有机农业这片土地，为中国农业现代化做贡献！"

对话

你如何理解中国梦？

爱国有很多种方式。我是做农业的，我认为做好本职工作就是爱国。我们国家有 5000 年的农耕文化，但现在我们的农业和发达国家相比，大大落后了。更严峻的问题是，年轻人不愿种地，觉得种地太苦，赚钱太少。农村年轻人都跑出去打工了。仍坚守农业的是五六十岁甚至年纪更大的老农民。祖祖辈辈传下非常丰富的农业生产经验，可以说，老农民们手上积累了很多的经验，如果年轻人都不愿意从事农业，这些经验就有可能断了，我一定要把经验传承下去，绝不能让传统的农业生产经验在我们这代人手中断了。

我们中国也不缺农业科学研究，这些年产生了很多科研成果，可惜很多科研成果没有走出研究所的大门，没有用到大田上来。

我有很多朋友，他们和我一样热爱农业，投身农业，我们常自诩"爱国人士"，有的朋友在美国读了博士，回国和我一起合作，他们中有学农业的，有学物理的，我们一起参与研发。我们都不是奔着钱来做农业。

我们在做一件事，让农民科技化，科技农民化。我们的目的是让中国人的饭碗更安全。我相信在我们这代人的努力下，中国农业的生产方式会发生翻天覆地的变化，农业科技化、智能化、现代化的春天会到来。我们农业和发达国家差距很大，但换个思路，差距就是潜力。

我们都知道有机农产品好，但有机农产品简直就是高价的代名词，实在太贵了，消费不起。听说生产有机农产品不能用农药，长虫了就要人工捉虫。生产成本太高，所以特别贵，是这样的吗？

谁说有机农产品长虫了要靠人去抓，简直是弱爆了，弱爆了！有机农产品的确比普通的农产品贵一大截，主要原因是投入高。前期土地要抛荒三年，要满足健康的土壤、纯净的水源、良好的周边环境三个基本条件。种植有机农产品要遵循植物生长原有的自然规律和储存包装要求，不用农药不用化肥。因此成本相对要高。但除虫不需要靠人工，我们用超声波频扫技术。发现虫害，用超声波仪器扫一下就行了。关键靠技术不靠人力。

有机农产品销路好吗，买的人多吗，是什么样的人买？有办法让有机农产品的价格降下来吗？

上海是个特大型城市，发展速度很快，但和市民生活配套的生态农业和绿色蔬果的生产供应相对滞后，特别是有机农产品更是供应紧缺、价格昂贵，已经满足不了市民的需求和上海经济发展的需要。

合作社现在的销路不错。现在买有机产品的人，大多是对生活品质有追求的人。其实人人都想吃上有机农产品，只是太贵了，买不起。如果价格降下来的话，销路会更好。

我现在要做的事，就是让有机农产品的生产成本降下来，进而使有机农产品的价格降下来，让更多的市民吃得起有机农产品。让有机农产品的生产成本降下来的路径是，走工业化生产道路，也只能走这条路。大面积种植，采用机械化设备，智能化管理，降低劳动力成本。在我们合作社，今后员工就守在中央控制室，监控数据显示哪个地方需要浇水了，哪个地方需要施肥了，根据设计好的程序，就可以自动浇水，自动施肥。到了收获的时候，开着收割机就能把菜收上来。今后农民就是农业工人。走产业化道路，有机农产品价格有望降下来。

你当年读大学，学的是计算机，现在投身农业，学的专业和现在的工作是不是对不上号？

我学的知识没有浪费啊。我除了计算机，还学了平面设计。这两样本领现在都派上用场了。我的草莓盒子就是我自己设计的，洋气漂亮，拿得出手。草莓装在里面，可以当礼品送。我的这个设计一直被别人模仿，但还没人超越呢。

我的计算机专业在智能化控制设计上排上用场了。中央控制室和种植区域联网，种植区域里装 WIFI，我学的知识都用得上。

我觉得自己很充实，学有所用才有意义。

你当时创办"桂峰"果蔬合作社，家里人反对吗？

一开始，我父母不理解，他们担心我太辛苦，怕我晒黑。看我很坚决，他们就同意了，转而支持我，他们一直帮我带孩子。

　　我先生很支持我，他赚的钱都投在我这里了。买设备缺资金，家里房子拿出来抵押，他都没说一句。这次购买水处理机投入5800万元，他也很支持的。我赚来一点钱，投在合作社，再赚一点，又投在合作社了。家里的钱都投在合作社了。我办合作社不是为了赚钱，要是奔着钱去，赚钱容易来钱快的行业有的是！

　　工作忙，家里孩子顾得上吗？

　　工作的确很忙。尤其是头两年，每天下地干活，我要跟着农民学种地啊。现在摸索出经验了，比刚开始时轻松多了。我现在生活很有规律，每天天亮下地，天黑回家，真的跟农民一样。晚上回家还能辅导孩子做功课。种草莓，7、8月是休耕期，这时候也正好是儿子放假，所以种地顾家两不误。

　　我自从种地后，很少生病，连感冒都很少得。我的孩子很喜欢吃我种的菜。看到儿子放学回家吃饭那么香，边吃边夸妈妈种的菜真好吃，我就很开心。

采访手记

　　都说女人似水。刘海燕的处世方式如流水般自然顺畅。采访过很多创业者，大多数创业者会讲他一路走来如何如何艰辛，刘海燕是个例外。她对自己碰到的困难轻描淡写，一笔带过。即使第一次种草莓，一场大雨把她辛辛苦苦育的草莓苗全淹了，她也是笑着讲的，语气里带着自嘲，好像说那时候好傻，怎么就不知道那块地地势特别低。草莓苗被淹了，就到别处买来补种上，没有怨天尤人，换个方式继续种，办法总比困难多，自然吧。

　　赚来的钱都投到合作社了，连房子都抵押了，但从刘海燕脸上看不到"压力山大"。她依然打扮得像个白领，脸上妆容精致。悠闲的时候，在合作社的工作室里，她会泡上从法国带回来的花茶。忙碌的时候，像指挥战争的将军，"你明天要交两吨青菜；你明天要交两吨白菜，还有……"她把生产任务布置给合作社的农户。

该打扮就打扮，该忙就忙，该闲就闲，自然吧。

生了孩子没了工作，很多人会情绪低落，但刘海燕没有，似乎是顺其自然，等孩子上幼儿园了开始盘算"二次就业"。她不愿意像别的妈妈那样，狠狠心，让孩子早早断了奶，交给老人或保姆，重新披上盔甲，杀回职场。"有必要这样做吗。我就养一个孩子，为什么在他最依赖妈妈的时候，扔下他不管呢。"刘海燕说。

在孩子最需要的时候做个尽职的妈妈。等孩子上幼儿园了，开始考虑自己的事业。自然吧。

水柔顺但坚韧。该柔软时柔软，该有力量时有力量，该坚持时坚持。谁能说种地不辛苦，谁能说农业不是高风险行业，谁能说搞有机农业不曲高和寡，但刘海燕始终执著于自己的理想，"我要做一个地地道道的有机农产品生产者，我要为中国农业科技化，科技农业普及化尽份力量。"

（回南）

易解放：那里的一枝一叶，牵动着我

易解放，1949 年生，大学毕业后，在上海一所电大干部管理学校当汉语老师。改革开放后，易解放旅日。1990 年，其独子也随母亲赴日本生活。

2000 年，易解放的儿子不幸去世后，她信守对儿子的承诺，投身公益事业，成立了特定非营利活动法人（NPO）"绿色生命"组织，并出任理事长。2002 年，她毅然辞去收入颇丰的工作，与丈夫杨安泰一起带着儿子的遗愿和"生命保险金"，以及"绿色生命"组织的希望，回到祖国，到内蒙古通辽市库伦旗的沙漠种树。她牵头成立的"绿色生命"组织与当地政府签定了协议，用 10 年时间种植 110 万棵树，用 20 年时间来保护这些树，并于 20 年后，将这些树全部无偿捐献给当地。

为争取更多人的理解和支持，易解放经常穿梭于中国与日本之间，宣传呼吁、演讲鼓动，竭尽所能向各界人士宣传生态保护的重要性。在她的感召下，到内蒙古植树的各国志愿者人数逐渐增多。库伦旗人为了感激她的善举，为她的儿子树碑，以示纪念。除了植树，易解放夫妇还捐出 25 万元人民币，在湖南省望城县建立了一所希望小学。

易解放先后荣获"百名优秀母亲"、2007 年度"上海市社会主义精神文明十佳好人好事"等荣誉称号。

65 岁了，但易解放还在熬夜。

在位于虹口的"绿色生命"工作室见到她时，她精神还好，但眼角已经熬红了。"我已经一天一夜没睡，太忙了。"

忙什么呢？ 11 年前，为完成爱子遗愿，她立誓要用十年时间在内蒙古通辽市库伦旗科尔沁沙漠种植 110 万棵树。11 年过去，宏愿完成了，可去年她在内蒙古多伦县又启动了种植1万亩樟子松防沙林工程，今年又开始在内蒙古西部磴口县的乌兰布和沙漠种植梭梭林2000亩。丈夫疼惜她年时渐高，会不会体力不支，但她却决定拼着这一口气要在有生之年多种树木。

易解放停不下来，因为这是儿子的心愿，也是她如今的心愿。

"如果说11年前，我是为了我自己的孩子睿哲的遗愿而决定去种树防沙，那如今，我是为了那里更多的孩子的未来、为那里的广袤的土地而种树。"

坐在位于虹口居民区里工作室里，她的心已经飞向了遥远的内蒙古。那里的一枝一叶，牵动着她的神经，发愿初心时的那份单纯母爱，如今早已变成了更深广的大爱。

带着孩子未了的心愿回国

2000年5月，是易解放一家三口在东京迎来的第七个春天。

早年东渡留学的她已经进入当地一家知名的旅游公司工作，丈夫杨安泰也在东京开了一间私人中医诊所。易解放夫妻中年结婚，在被医生诊断怀孕几率不高之后却养育一子，喜出望外的夫妻俩为孩子取名睿哲。13岁时，小睿哲被旅居日本的父母接到东京，成为一名小留学生，后来又考入日本六大名校之一的中央大学商学部，聪明懂事的他是夫妻俩心头的珍宝。像往常一样，这一天，旅居日本的一家人正在收看中国的新闻。

当天的节目正在报道中国北方的沙尘暴：遮天蔽日的沙尘里，行人们捂住口鼻在沙尘暴中摸索前行，汽车在白天甚至都要开着车灯。22岁的杨睿哲看着电视不禁对母亲说："我大学毕业后要回中国为沙漠种树。"睿哲接着说，"要搞就搞大的，种它一片森林。"

易解放听完当场笑了，"种树好啊，可资金呢？"儿子被问住了，看看母亲沉默了。

两周后的 5 月 22 日，易解放像往常一样去公司上班。可刚到公司半小时，就接到儿子学校打来的一个电话：睿哲在上学途中出了车祸！等到夫妻俩赶到医院，儿子已经永远地停止了心跳。唯一的孩子就这样突然离开，残忍的事实将易解放夫妻推入了痛苦的深渊。看着遗照上孩子青春洋溢的笑脸，整整两年多，易解放夫妇都无法面对儿子已不在人世的事实。

夫妻俩把睿哲的书本、衣物、信件统统收集到一起，一遍一遍地听留下睿哲声音的磁带，听一遍、哭一遍。此时，儿子生前这段关于沙漠种树的对话，渐渐在易解放的脑海中清晰起来，终日以泪洗面的她似乎重新找到了生活的目标。

就这样，易解放带着孩子未了的心愿，回到了中国。

万亩沙地种上 110 万棵树

2003 年 4 月，十几天里，易解放行程 8000 多公里，东起通辽，西至鄂尔多斯。当她最后站在"死亡之海"塔敏查干沙漠时，眼前的景象让易解放不敢相信：这是易解放第一次亲眼目睹，当初和儿子一起在电视里看见的沙漠究竟是什么样的——天空整日昏黄，四周荒芜苍凉，目力所及处，鲜有绿色，唯见沟壑干涸，沙尘飞扬，沙丘连绵起伏；黄色的沙漠在蔚蓝的天空映衬下，贫瘠而令人心怵。当她最后站在"死亡之海"塔敏查干沙漠时，眼前的景象让从小生长在上海的易解放震惊了。

当地居民告诉易解放："沙丘是会移动的，昨天还远在天边，今天也许就移动到了自己家门前。种得好好的庄稼可能转眼就被沙子淹没，到头来一场白辛苦。"

易解放和丈夫毅然投入所有积蓄，变卖财产，以用儿子生命换来的"生命保险金和事故赔偿金"作为启动资金，成立名为"绿色生命"的公益性组织。她和当地政府签下协议，用 10 年时间在 1 万亩沙地上种植 110 万棵树；20 年后，将无偿捐给当地政府和农牧民。签订协议那天，易解放泪眼朦胧地在协议人一栏也签下了儿子"杨睿哲"的名字。

第一棵树种下的日子是 2003 年 4 月 22 日。库伦旗的村民用拖拉机在干黄土地上刨出一米深的"条沟"，人们在沟里每隔两米远栽下一棵杨树。农牧民赶着马车、牛车和驴车拉来井水，孩子们用自家的脸盆水桶浇水。一棵、两棵，一排、两排。300 多名村民整整干了三天，种下 1 万棵小杨树。

然而，万株杨树栽下后，整日无雨，户外的骄阳把人的皮肤晒得生疼发红。易解放不顾当地领导的反对，执意在林地附近的村民家住下，同当地村民一道救护树苗。有时夜半风起，猛然惊醒的她赤脚奔向林地，在一棵棵树苗前奔跑停顿……此情此景可动天，就在小树苗栽下的第 3 天，一年无雨的库伦旗终于下了一场透雨。村民们拍手称奇，笑称易解放是"雨女"。

第一批小树苗的成活率达 70% 以上。到了 8 月，种下时仅露出地面四五十厘米细如手指的枝条，已经窜出地面 1 米多高。站在高过头顶的小杨树下，看着不断冒出的新绿，易解放突然心里一动——"杨睿哲不也叫小杨吗？"

2007 年，库伦旗的百姓为杨睿哲建立了一个纪念碑，碑的正面是易解放夫妇给儿子的一段话："活着，为阻挡风沙而挺立；倒下，点燃自己给他人以光亮。"

母爱已成更深广的大爱

寒来暑往，越来越多人在听说易解放的故事后，加入了她的队伍。

2008 年 4 月 7 日到 9 日，虹口区妇联选派妇女代表五人作为植树志愿者，携捐款随同易解放赴内蒙古库伦旗额勒顺镇敖伦嘎喳，在"绿色生命"组织基地开展植树活动。"那片小小的绿色在漫漫黄沙中显得那么微不足道，这是一个浩大的系统工程，需要更多的人投入。"这是区妇联主席郭海英此行最大的感受。

五天后，四川北路社区（街道）党工委牵头，带领社区妇女代表一行六人第二批抵达。一大早，大家同易解放一道，乘汽车在崎岖的道路上颠簸了两小时，然后换马车。马儿深一蹄浅一蹄艰难行进在乡间小路上，大家手拉手才不致于被颠下车来。听说北方太阳毒、风沙大，陈天乐等几位年轻女性将自己全副武装——遮阳帽、太阳镜、防晒霜、大口罩全用上了，当她们看到易解放只随便围一条头巾，乐呵呵地坐在马车前头带路时，便不好意思地取下了"装备"。而这条路，易解放不知道已走了多少次。

马车渐渐接近种树点，易解放前几年种植的小树苗如今已经成林。远远看到这些小树，易解放兴奋难抑地跳下马车，深情地走上前去抚摸一下这棵树，又抱一抱那棵树，就像见到了自己的孩子。回转身，对上海老乡讲解树的生长过程，如数家珍。那一片一片刚吐出嫩芽的树林，捧出一丛丛新绿，如一群青春少年，欢迎远道的客人。

易解放带着大家来到新开垦的沙地上植杨树，地表半米以上的沙很干燥，必须再借人力深挖五六锹，才是合适树苗生长的土壤。街道何国强书记回忆说："易解放有个细节深深打动了我们——每人只带了一瓶矿泉水，当她发现有一棵树苗下的土壤很干燥时，毫不犹豫地将她的那瓶矿泉水倒给小树苗。那个瞬间，易大姐是世界上爱得最深沉的母亲。"

同行者后来说，在当地牧民的帮助下，一行人一个上午就植树1000棵。

小小一片新绿就这样一点点扩展、一点点延伸。它是生命，是希望，是爱的传递。

不仅仅是母亲们，更有学生、白领、老师等社会各界人士加入了易解放的队伍：大学生、中学生、小学生捐出了自己的零花钱；古稀老人颤巍巍地将皱巴巴的钱硬塞到她手上；大学生们义卖环保袋、环保衫，将筹得资金捐给汶川地震灾区和绿色生命基金；来自世界各国各种肤色的志愿者，同她一起在内蒙古栽下树苗；甚至有一次，易解放坐出租车时和司机聊起了她的植树行动，下车时，司机掏出 10 元钱说，"我捐 2 棵树。"……这一切都让易解放感到了集体的力量。

为了让更多的人加入植树活动。她更忙碌了，奔走于各地，植树、宣传、动员、筹款……马不停蹄。"有研究显示，一棵长了 50 年的大树，卖价虽只有 50 至 125 美元，但它释放的氧气，防止空气污染、水土流失，增加土地肥力产生、促进生物多样性以及创造动力蛋白的总价值，可达 19.625 万美元。别小看了您的爱心捐赠，您为大自然创造了巨大的生态价值和环境效益！"在多个场合，一遍又一遍，易解放的话掷地有声。

过去三年，每年约有 300 人次志愿者随易解放赴内蒙古种树。所有的事务，都由她一人联系。登记每一笔捐款，做好账本和管理，联系每一个有意参与的志愿者，安排前往内蒙古的时间、路线和住宿。易解放总是想着："多一个人参与，就能在遥远的沙漠里多添一抹绿意。"就这样，她不敢停顿，不敢休息，不惜熬夜。

2010 年，易解放腹痛难忍，在志愿者再三催促下，她才去医院体检，结果发现肠子里有癌细胞。但手术后第八天她就下床工作。2012 年，伤口又痛了起来，回沪后发现已经肠粘连，急需再次手术。去年，她又一次躺在手术台上，但刚刚出院，她又出现在了去内蒙古的路上。

亲近的人都劝她，休息休息吧。她却放心不下。她相信，只有让志愿者亲自站在沙漠里，亲自抚摸过干燥的土地，亲自种过树看到它抽芽，才会对那里产生感情。

她把儿子的墓迁回上海，在上海的时候，几乎每周都会去扫墓。

"我一直贴身带着睿哲的照片，告诉他我的进展，告诉他我的收获，但从不告诉他我的痛苦，也不告诉他我的伤痛。因为，我是他的妈妈啊。"

此时，坐在上海的工作室里，易解放的心早已飞向遥远的内蒙古，"那里的一枝一叶，牵动着我。"

对话

11 年前，为完成爱子遗愿，您立誓要用十年时间在内蒙古通辽市库伦旗科尔沁沙漠种植 110 万棵树。11 年过去，宏愿已成。为何您还在继续种树？

2003 年，刚开始植树时，只有我和丈夫始终在第一线。如今我们俩已经拥有了许多的支持者和植树志愿者。如果说当年是为了抚慰自己的丧子之痛而去种树，那么如今种树的动力已经变了。我们希望植树防沙，为了那片土地上的更多的孩子的未来。

十年之约未到，在塔敏查干沙漠 1 万亩沙地上，110 万棵树已蔚然成林；1000 亩用以防沙的梭梭林也在磴口县种下。我还是觉得力不从心。因为这点绿色，相比那里的荒漠化，实在太杯水车薪。我希望能有更多人加入进来，让更多因各种原因无法亲自奔赴沙漠植树的人，拥有一个参与"植树"的机会。

"多一个人加入，就少一份被沙漠吞噬家园的危险。"如今我们俩已经拥有了许多的支持者和植树志愿者。

你们也一直在探索宣传形式的多样化，比如 2012 年就曾经推出桌面树活动。

对，这是 2012 年植树节来临之际，推出的一项旨在鼓励更多人参与植树的"绿色生命'桌面树'活动"。当时我们设计的是，只要轻击鼠标，在网络上下载一棵"小树苗"。当树苗"长"成"大树"时，由"大地妈妈"易解放成立的"绿色生命组织"将在内蒙西部边陲帮您实地种下一株真正的树。

那个时候，我开始渐渐感到力不从心。我希望能有更多人加入进来，让更多因各种原因无法亲自奔赴沙漠植树的人，拥有一个参与"植树"的机会。我的故事，当时感动了中国电信云计算服务团队和一批信息科技界人士。在他们的支持下，"绿色生命组织"推出"桌面树"项目。只要通过登录"桌面树"网站（http://www.desktoptree.com/），注册个人信息并下载一个小型程序点击安装后，电脑屏幕右下方就会出现一株小绿苗。不用浇水施肥，只需每天激活程序，小树苗就会苗壮成长。两至三个月不等的时间以后，"小树苗"就会长成一棵"大树"。当网友将"大树"信息上传至网站，不久后内蒙古沙漠中就会栽种下一株真正的树苗。

我们找寻绿色环保企业赞助，通过绿色生命组织在我们内蒙西部边陲真实地种下去，真正实现我们倡导的"亿万个人，亿万棵树"的梦想。让更多的人加入我们的沙漠植树行列，让更多的沙漠变成绿洲。"

那一年，网站开通 2 个小时后，已经有百余名网友加入了"植树造林"的行列。除了自己种植小树苗，网友也可以将种植链接发送给亲朋好友，当对方通过链接注册后，即会自动加入"我的绿色军团"。

在帮助您种树方面，其实捐钱就可以了，为何您要带他们去种树现场？

只有到了现场，闻到沙漠干燥的气味，感到风沙刺脸的疼痛，感受烈日灼人的难受，才能体会绿色对那里意味着什么。这是隔着电视网络屏幕，不可能亲自体会到的。

许多人申请来种树只是觉得有趣，或者觉得做志愿者很时髦，但等到了现场，才明白生命的珍贵，才感受到环保的责任。我想，这也是我一定要带他们去现场的原因吧。不是作秀，而是当双脚沾满沙子站在那里时，有些东西的厚重感，才能真正体会到。

为种树，你们夫妻俩把房子也卖了。值得吗？

很多人劝我们。"儿子不在了。更应该留点钱养老。"但我们讨论过这个问题。财富真正的作用是什么呢？财富真正的去处应该是哪里呢？我们去世后，是不可能带走一分钱的。但如果把这些钱换成树苗，变成我们生前种下的树，它们会永远留在这个世界上，惠及更多我们认识或者不认识的人，也对这个世界的环境有一点点裨益。这是我们希望使用财富的方式。

很多人不理解，笑我傻的也有。但也有很多人理解我，支持我。不然每年这么多从五湖四海来帮助我种树的人从何而来呢？

许多人在电视上看见我的故事，就愿意从台湾、香港甚至日本赶来与他们素无交集的内蒙古。这是什么力量在牵动着我们走到一起呢？如果说这是命运的安排。那是基于，许多人认同我们使用财富的方式。许多人认同我们对待环境的方式。

大家对我的帮助，让我特别感动。因此我也不敢懈怠。现在大部分的资金募集、捐款登记和宣传等活动，都还是我和我丈夫两个人在做。此外，我们有一位助手料理办公室的工作。但我们两个人渐渐年事已高，的确越来越力不从心了。

采访手记

我第一次采访易解放，是在 2008 年上海市第十三次妇代会上。她穿一件素色外套，眼角密密的皱纹里藏着股执着的拗劲。就在上海展览中心东二馆的二楼窗畔，她对我娓娓道出自己的经历。

三月，上海的春季已经降临。可易解放的心，却已经飞到了遥远的库伦旗。对于普通的上海人来说，内蒙古三个字，只代表了中国版图里一个遥远的省份。但对年过耳顺的她来说，仅这三个字就能唤起万种柔情。只为那里，有她替在天堂的儿子，种下的万棵杨树。

叫一位比自己母亲年龄还大的女士，回忆她生命中最惨痛的时光，是何等残忍的事。然而这惨痛的回忆，正是她所有事迹的开端，我回避不开，只得小心翼翼地问她。她说着，一边，用那种在日本长年生活养成的姿态，点着头。

上海展览中心东二馆楼下，有棵三米多高的海棠正值花期。风一摇，粉色的花瓣，就像雨一样宛转飘落，有几瓣，随风旋至二楼的窗棂。眼泪婆娑的易解放看到了，突然停止了诉说。她转向我，问道，"你几岁了"。我当时是 25。她听了，若有所思地点点头，伸出手想要比划一下，仿佛前面就有一个男孩子似的，她说"若是我儿子活着，就比你大一点儿。"当时我听了心里一动。是啊，纵使给她中华女性、道德楷模、感动人物等再多荣誉，易解放给自己定位的第一身份，还只是母亲。

对于母亲来说，世界上所有的孩子只有两类，比我家宝宝大的，和比我家宝宝小的。

那一年我们本计划于母亲节发稿的。但后来四川地震、北京奥运，一个个重大新闻出来，这位母亲的身影就被我们淡忘了。然而，她不知疲倦奔波在上海内蒙古两地的脚步，从未停歇。2009 年植树节，《一位上海母亲的绿色心愿》见报。打电话给易解放时，忙碌的她正在去驻沪日领馆的路上，说话声喘喘的，是赶着要去做关于呼吁更多人赴荒漠种树的讲演。

一个人执拗地要完成自己的一个心愿，这不难理解。但为什么她的所作所为，会唤起那么多人参与呢？我思索着。

易解放的支持者和志愿者中，有企业家有权贵，有政要的夫人也有机关工作人员，但更多的，就是普通的妇女。也许，这就是母亲的力量。也许，这是因为母爱有着振动效应，就是能启发旁的人也为她心动，随她行动。

见报文章登出 5 天后，我接到读者电话，有位女士想要通过我联系易解放，要给她捐钱。我依她留下的电话打过去，原来，她是与易解放住在一个街道的一位 80 多岁的老妈妈。电话那头，是她坚定执着的声音："请你一定帮我联络，我要帮助她。"放下这个电话，我很感慨。

在遇到易解放之前，我一直不明白，那些靠个人力量募捐起来的活动如何走得长，走得远。从易解放开始，始信诚可动天。

10 年过去，种植 110 万棵树的宏愿真的完成了。2014 年，我在春节前再次看到易解放。我问她，你的心愿达成了吗？

她摇摇头，说，我已经停不下来。"我们已经开始在内蒙古西部磴口县的乌兰布和沙漠种植梭梭林 2000 亩，去年又到内蒙古多伦县启动了种植 1 万亩樟子松防沙林工程。"丈夫疼惜易解放年事渐高，但她决定拼着这一口气，要在有生之年多种树木。

"11 年前，我的心愿单纯，就是为了自己儿子的遗愿种树防沙；但每年去那里，看到那里的荒漠和落后，我感到了更大的责任。我看到了那里的孩子，在沙漠中行走，那里的年轻母亲，为了一点水源寻找很久，还有那里的老乡，因为无法种植而苦苦挣扎着生活。如今，我已经是在为了那里更多的人的未来而种树。"她两手交缠紧紧握着，似乎在触摸着胸腔下巨大起伏的能量，她说："只要你去看，去看过一眼，你终身就不会忘记，你对那里有着一份责任。"

我看着她。65 岁的人了。因为通宵熬夜联系种树的事情，两只眼睛都红了。

她说她如今上海内蒙古两地跑，穿越在贫瘠的沙尘暴的源头和东海之滨的繁华之地，好似穿梭在两个平行的世界，而实际上，它们同样存在当下的中国。公益活动让她更了解祖国的现状，也更了解人心的广袤。

但只要回到上海，她还是会成为一个平凡的去菜场购物的上海母亲。她每周必会去儿子的坟墓前。"我只告诉他生活中快乐的事情，进展顺利的事情，而从不告诉他我的病痛和挫折。"

她顿了一顿说，因为，这就是妈妈会做的啊。

（沈轶伦）

王萌萌：小说里的每一个字都是自己用心来写成的

王萌萌，1984 年生，中国作家协会会员、上海市工人文化宫创作员。和其他作家不同，她是从一名普通的大学毕业生成长为国内第一位志愿者作家。

2006 年从艺术设计专业毕业的王萌萌，没有选择做一名白领，而是在一家为贫困山区孩子募集课外书、建爱心图书室的民间公益组织担任志愿者。当她了解到当地贫困山区的现状，于是，先后四次去云南支教。随后，她把笔触对准了志愿者，以志愿者身份和精神讴歌志愿者，以做一个志愿者的经历来书写大爱，连续创作完成了《大爱无声》、《米九》、《爱如晨曦》志愿者小说三部曲。

目前，王萌萌正忙于将自己三部曲中的一部改编成电视剧（已被列为上海重大文艺创作项目），同时担任一部公益纪录片的编导，经常需要赴云南拍摄和采访，创作工作安排比较紧张。她表示，虽然自己现在并不是任何社会公益组织的成员，但是她还将一如既往以个人志愿者身份从事公益活动，并且创作志愿者文化作品。她依然经常为云南当地的中小学提供多种帮助，连续 6 年结对助学一名苗族的女学生，周围的亲戚朋友，也加入了与十几位贫困学生结对助学的行列。

2012 年王萌萌当选第八届"上海文化新人"、"上海市志愿文化宣传大使"，并获得第六届上海市"五一文化奖"。

2006 年，大学毕业的王萌萌和其他毕业生一样，应聘进入一家文化传媒公司工作，选择做一名小"白领"。"办公地点是陆家嘴的一家画廊。工作时间，我和另一位同岁的女孩在画廊内做一些设计、日常维护等事宜，几乎没有和更多人交流的机会；每天上下班，在拥挤的地铁内要耗费一两个小时……"回忆起这段工作经历，王萌萌苦笑道，自己要么在上班的途中奔跑，要么就在办公室内沉默不语，这不是她想要的生活状态。

因为同学在东华大学读研，王萌萌经常去东华大学看书、找同学聊天。一个偶然的机会，她从好友那里得知公益组织"希望书库"招募志愿者的消息。因为好奇，她同好友一起去应聘。面试等待间隙，王萌萌看到一些公益宣传资料：在偏远的山区，很多孩子每天需要徒步两三个小时的山路上学；除了教科书，不知道什么是课外书……看到一幕幕场景，王萌萌忧伤不已：没有书籍陪伴、没有阅读的童年是黑暗的。此时，王萌萌暗暗下决定，辞掉工作，做一名志愿者，帮助更多山区的儿童。

面试时，善于文字表达、设计的王萌萌顺利通过初试、复试，成为该组织的一名志愿者。说起这个曾经工作过的公益组织——"希望书库"，从小热爱阅读的王萌萌非常自豪："这是冰心老人倡导发起的公益项目，从1995年起至2005年底，累计向农村地区的中小学校捐赠了价值人民币4000余万元的课外图书，为偏远的农村地区的学校、学生送去了很多精神食粮。"

怀着一颗激动的心，王萌萌开始了志愿者的工作。她主要做一些活动策划、文稿撰写等工作。因为民间公益组织运行经费有限，人员编制精简，所以工作人员和志愿者们都身兼数职。作为志愿者，王萌萌没有任何工资，一个月只有少量的生活补贴。为了减少自己的生活开销，王萌萌和同学合租房，降低房租。

得知女儿放弃工作做志愿者，王萌萌的父母非常不理解，多次打电话，希望能说服女儿找一份正式、稳定的工作。然而，王萌萌坚持自己的选择，父母了解女儿的个性，一旦做出选择便不会轻易改变，只好任其发展，并在经济上提供一些援助。

走访山寨小学，获得创作激情和灵感

策划各种公益活动、整理全国各地热心人士捐赠的书籍、联络偏远山区的对接学校……上海办事处原本要求志愿者每周工作三四天，因为对工作越来越投入，王萌萌后来几乎每天都主动来上班。因为王萌萌工作认真、一丝不苟，一个月后，办公室主任交给王萌萌一个特殊的任务：做领队，带着十万册图书，送去云南山区的学校。

"听到这个消息时，我有点意外，又非常激动。"王萌萌回忆道，自己工作时间这么短，居然获得这么宝贵的机会。去偏远的山区学校看看，这是她做志愿者的最大愿望，没想到这么快就实现了。

走进云南山区的山寨的小学时，王萌萌大吃一惊，有些山寨的学校没有住宿，小学生每天上学、放学要走很远的山路；七八岁的小女孩因为极度营养不良，脸上长出深深的皱纹；在偏远的山寨，一所学校只有一位老师，十多位年龄不同的孩子坐在一个教室内。老师给大孩子上课时，小一些的学生则低头做作业；随后，老师再给小学生上课，大孩子们则坐在教室内自习。

当走进摆满爱心图书的图书室时，孩子们欣喜若狂，捧着一本本精美的绘本、童话，席地而坐、如饥似渴地翻阅起来……看到这些场景，王萌萌激动不已，原来，自己一点点付出可以给孩子们带着这么多惊喜和陪伴，可以让山区孩子的童年生活有了更多色彩和回忆。

随后，她多次自费前往有七个少数民族聚居的云南省元阳县黄茅岭乡支教、采风。在黄茅岭乡时，听当地老师介绍，乡里有一所山寨小学——马鹿塘小学，在当地海拔最高的山上。因为山路艰险，很少有人愿意上山，山上的人也难得下来一次，只有一位身体残疾的男教师坚守在学校，这也让这所山寨小学多了一些神秘色彩。

"山上的学校物资一定非常匮乏！山上的学生和老师是怎么生活的？我非常想去山寨小学看看，我想送一些学习用品去……"获知这个信息后，王萌萌立即兴奋起来，蹦出"上山看一看"的念头。这可让当地的教师大吃一惊，他们关心地劝说道："从乡中心校上去马鹿塘小学，起码要爬行七八个小时的山路，很多山路在悬崖峭壁旁，需要手脚并用才能爬过去。这么多年来，只有马鹿塘的女人下山换购一些生活物资，几乎没有外面的女人走进过马鹿塘。"

经不住王萌萌的央求和坚持，在当地两位教师的陪伴下，背着学习用品和食品，他们踏上通往马鹿塘的山路。"出发前，当地持续阴雨天，山路泥泞不堪。我们用塑料布做雨披，为了防滑，穿了当地农民常穿的'赶马鞋'"王萌萌回忆道，山路蜿蜒曲折，部分路段就凿在悬崖峭壁旁，他们一边爬行一边相互鼓励，沿途没有一块平坦的山路，周围烟雾缭绕。休息时，他们只能靠着身边的石头喘一口气、喝一点水。爬行了八个小时，他们才终于见到山顶的房屋、炊烟。

山上有 100 多户山民，将 30 多位孩子送进了马鹿塘小学。走进马鹿塘小学，王萌萌被眼前的情景惊呆了：学校就是两间土房子，只有一块破黑板、几张随时可能散架的旧课桌；教室的门窗没有玻璃，用几张塑料袋封住。行动不便的王老师一个人支撑起一所学校。

王老师的宿舍则是教室一侧的一间土房子，里面只有一张土床和一副旧课桌椅，生活用品少且简陋至极。当天晚上，王萌萌躺在教室内的课桌上，久久不能入眠，对生长在发达城市中的她来说，这些景象从看见那刻便深印心中，再难忘记。

一个女孩子能爬上马鹿塘，这个消息迅速在黄茅岭乡传开，当地的乡亲们都佩服不已，称王萌萌是一个名符其实的"女英雄"。

回到上海后，回复到物质充裕、舒适便捷、却纷繁紧迫的都市生活中，王萌萌却开始寝食难安、魂不守舍。她的心似乎还停留在那个风光绮丽、民族风情浓郁却偏僻闭塞、贫困落后的山乡，需要寻得一个途径让自己的灵魂回归肉体。在师长的引导鼓励下，她拿起笔，试着用最热爱的文字表达和倾诉。就这样，她开始了第一部长篇小说《大爱无声》的创作。

那段时间，王萌萌白天做志愿者，晚饭后开始写小说，写到凌晨一点多睡觉，周末的时光自然也全部用于小说的创作，仅用了三个多月就完成了二十多万字的初稿。在几位老师的推荐下，经过一次修改，王萌萌的第一部长篇小说《大爱无声》得以出版。值得一提是，修改过程中只是进行了少许字词上的调整，其中一章充实了几段文字，大部分的内容基本未作改动，尤其是那些一气呵成的段落几乎就是原稿。

获取一手资料，勇闯人类最后的秘境

第一部小说还没有发表时，王萌萌已经确定第二部小说以环境保护、动物保护为主题。

为了解更多真实的环境保护、动物保护方面的案例。王萌萌找到了一位高中同学，一位在西藏从事动物保护、生物多样性研究的国际公益组织的工作人员。在同学的陪伴下，他们俩一起走进入了被称作"人类最后的秘境"的雅鲁藏布大峡谷。那里有众多独有的珍稀物种和世所罕见的美景、奇景，但环境恶劣复杂。

徒步穿越大峡谷途中，他们遭遇山体滑坡。悬崖峭壁上的羊肠小径被遮掩，他们只能如蜥蜴般手脚并用伏贴着极陡的滑坡爬行，头顶不断有沙土落下，手下脚下都非坚固实体，尽管异常恐惧行动却不能有丝毫迟疑，因为新的滑坡随时会发生。当险些坠入湍急江水之中，挣扎到自觉体力已耗尽几乎要放弃时，至亲至爱人的面容闪现眼前，刹那间激发出体内深藏的潜能。数次与死神擦肩而过后，心中已无惧意，累了便翻身靠在滑坡上。

后来，他们陷入无法前行、无法后退、无法求援、随时都可能遇难的绝境之中。最终，他们遇到了当地两位经验丰富的挑夫，脱离了险境，安全走出了大峡谷。回忆起这段惊险的经理，王萌萌觉得非常自豪："若无此次大峡谷历险，就没有我第二部长篇小说最末几章最关键的部分。那些令人感到撕心裂肺、惊心动魄的描写，皆是我的亲身体验。我也因此愈加珍惜生命、敬畏自然，对生命个体与自然的关系有了更深切的理解和思索。而还有一点很重要，那便是此后每当我陷入困境，觉得心力枯竭、想要放弃时，便让自己回想在大峡谷中躺在滑坡上坦然无惧欣赏岚烟心境，对自己说'那时候都过来了，还有什么可怕的？'，而后调匀呼吸、整理情绪，继续走下去。"

王萌萌的第二部小说《米九》是国内首部以环保志愿者保护环境、保护动物为主题的长篇小说。它对环保志愿者生活、流浪小动物救助、民间公益组织的发展、无人区野生动物保护、生态和谐和低碳生活等当代热点话题，作了全景式的描绘。王萌萌说，之所以选择这一题材，是因为环保如今已经成为全人类都必须面对的问题，可是中国以此为主题的文学作品却非常少，而且大多数人，包括曾经的她自己在内，虽然已经意识到环保的重要性，却了解甚少，远未形成正确全面的环保理念和生活方式。她说："近两年，我一直关注着环境保护的各个领域，其中最令我感兴趣的是动物保护。这源于我天生对动物的喜爱，每当看见动物们那纯净的眼神，心里便油然而生一种难以言喻的愉悦和感动，于是我将动物保护作为小说创作的侧重点。"

"米九"是小说中女主人公的名字，这个名字背后隐藏着关于动物和亲情、爱情的感人故事。米九的父母都是丹顶鹤保护区的工作人员，因女儿与他们人工繁育的幼鹤"小九"同一天出生，才给她取名为"米九"。而米九的命运与丹顶鹤"小九"的命运，又在冥冥之中巧合，都坎坷磨难，诸多不顺。小说以丹顶鹤喻人，把米九追求理想和爱情的曲折经历作为主线，讲述了中外两代动物保护工作者对动物保护事业的执着和两段凄美浪漫、充满传奇色彩的生死恋情，展现了人与动物、人与人之间相互关爱、相互信任、相互依恋的感情，体现了一种深沉无私、超越物种的爱。出现在小说中的诸多动物，如丹顶鹤小九、小狗可可、杰瑞等，在王萌萌的笔下都有血有肉，有情有义，不仅为读者提供了阅读兴趣，还成为推动故事情节发展的不可缺少的角色。其中狗狗"生死恋"、丹顶鹤忠于爱情、生死不渝等情节都展现得淋漓尽致。此外，西藏高原上的藏羚羊、野牦牛、藏野驴等野生动物的描写，也极富诗意和人性。小说在抒写生态和谐的焦虑与渴望中，始终呈现出商业社会对于生态和谐的侵袭与破坏：猫贩子将1500只猫贩往广东；青藏高原的淘金汉子猎杀藏羚羊果腹；白马雪山的云南老乡猎杀金丝猴当晚餐；为了获得经济利益，连绿野环境保护协会的司徒会长居然也计划对湿地进行破坏生态的商业开发……王萌萌以小说的形式表达了对于生态和谐被破坏的焦虑，抒写了其对于生态和谐的真诚渴望。

走遍大街小巷，采集社区志愿者的故事

近几年来，王萌萌一直在从事志愿者工作，对志愿者群体的感情愈加深厚，对这个选题仍然抱有极大的激情。她曾两次受邀参加上海市闸北区先进志愿者事迹报告会的文稿编辑工作，了解到了百岁志愿者刘惠成爷爷四十年如一日行善的感人事迹。刘爷爷在被采访时，自称"不知道什么是志愿者"，但是却发自内心

地认为"能做好事就是享福"。百岁老人朴实的话语让年轻的她受到了极大的震撼。

王萌萌因此决定再创作一部以志愿者为主人公的长篇小说，以完成志愿者三部曲。确定这一目标是在 2009 年的冬季，离2010 年上海世博会开幕还有半年。在市文明办领导的安排下，她到世博志愿者部办公室担任助理新闻官。众多世博志愿者的风采，让她深受感动，于是便将关注点锁定在世博志愿者身上。

在上海市志愿者协会的支持和协助下。她走访了上海各区的部分志愿者协会和街道，采访了数以百计的社区志愿者，听他们讲述从事社区志愿者工作过程中的经历和体会。与他们深入交谈之后，她对社区志愿者的印象有了极大的改变。一位八十多岁的老爷爷，在美国工作生活多年，退休后主动回国，在社区里无偿开办英语班，教社区居民学习英语，同时还免费为居民们看病；一位年过七旬的奶奶，每天带着两部数码相机，步行十几公里在社区周边的各个路口，巡视检查社区交通志愿者的工作，遇到问题就拍照上传到网上，并且亲自用电脑制作排班出勤的表格。这样的例子举不胜数。

在进行采访的同时，王萌萌始终从事着志愿者的工作。2010年的夏季，爱心企业凯德置地邀请云南贫困山区孩子来上海参观世博会，她参与其中，同志愿者们一起看护孩子们在拥挤的世博园中游览。不久之后她还自费邀请了当年在黄茅岭始终陪伴她左右的马老师和两个贫困学生来上海看世博会。

当她听说原先工作过的公益组织举办了邀请云南贫困山区的少数民族少年来上海参观世博会，并与上海家庭互动的公益活动时，立即为她资助的贫困学子小美争取了一个名额。王萌萌说："我不会给赞助单位增加负担，小美的所有费用由我来出。"得到肯定答复之后，她欣喜不已。与小美分别 3 年之后再次相见，看见当年因为营养不良而十分瘦小的黄毛丫头变成了亭亭玉立、开朗懂事的少女，她心里说不出的激动。在上海，她陪同小美参观了世博会；游览了上海的著名景点；品尝了各种美食。在自由活动的时间里，她为了让小美能够学到更多知识，看到更加美丽的景象，特地安排从未见过大海的她去参观了水族馆。

经过充分的准备，王萌萌全身心投入第三部志愿者长篇小说的创作，期间极少与外界联系。她是个特别爱较劲、爱较真、又过于执着的人，常常会为了一个词、一句话，或者一个小情节的处理死磕很久，所以写到中途一度身心交瘁、疲惫不堪，严重失眠。

第三部长篇小说《爱如晨曦》与前两部的风格迥然不同，是一部清新明快的都市轻喜剧。它以一对中外志愿者的跨国恋为主线，展现了在世博会筹备、召开期间，无论是土生土长的上海人还是在上海工作的外乡人，甚至远跨重洋来到上海的外国人；无论是多年来热心付出却名不见经传的社区志愿者，还是经过层层选拔闪亮登场的"蓝莓"和"小白菜"；不论是退休在家安享晚年的银发老人，还是在沉重课业压力之下度过青春叛逆期的少年；不论是腰缠万贯、一掷千金的富人，还是穷困潦倒在社会最底层艰难维生的穷人……都因为这场盛会的契机度过了人生中一段非同寻常的难忘旅程，最终铭刻在心底的除了世博会绚丽的场景，还有促使内心成长、温润、博大的美好记忆。

小说反映现实生活，王萌萌现象引各界关注

王萌萌的激情写作得到了中央文明办领导的高度评价，一天当中为她作了三道批示，其一称王萌萌为弘扬志愿服务文化做出了突出贡献；其二称王萌萌是多棒的"走转改"！也得到了中共上海市委宣传部领导和上海市文明办领导的首肯、关心和帮助，还得到了新闻界的热情关注和鼓励。前两部小说出版之后，中央

文明网和新华网以《"80后"作家王萌萌：以志愿者的身份和精神讴歌志愿者》为题，同步播出了对她的长篇专访。《人民日报》、《光明日报》等中央报刊先后刊登了题为《大情怀，让80后作家走向成熟》的长篇通讯。《解放日报》、《文汇报》、《新民晚报》和中央人民政府网等全国上百家报刊和网站，均以突出位置和较大版面先后报道了王萌萌和她的志愿者小说。其中中共上海市委机关报《解放日报》以一个整版的篇幅作了特别报道并在编者按中指出：更值得关注的是，目前中国当代文学在反映现实生活、开掘新的精神审美价值方面缺乏独到发现，缺乏创新能力，缺乏理想主义情怀，严重失血失钙。而生于1984年的王萌萌却显现了一名青年作家可贵的一面，她在大山深处感悟人生，在险恶环境中担当责任，她写边疆支教的志愿者，写跋涉于天地之间的环境保护志愿者，表达的是一种人间情怀与社会责任。她的选择，是一种生活的洗礼。《新民晚报》以连续四十余天的篇幅刊登了小说《米九》，以一个整版的篇幅刊登了小说《大爱无声》的缩写，以一个整版的篇幅报道了王萌萌其人其书，又以半个整版的篇幅报道了王萌萌的激情写作，并配以言论指出：她书写的是一种以天下为己任的大情怀，这种情怀已远远脱离了有些年轻人只会抒发个人情感的俗套。作品要写出大气、力度，最难得的就是这份大情怀，这份沉甸甸的社会责任感。王萌萌的出现，让人感到我们的"80后"已走向成熟。《青年报》先后两次以整版的篇幅予以报道。上海人民广播电台"你的故事我的歌"栏目请王萌萌作为嘉宾，以"用心灵感受和给予"为题谈创作志愿者小说的经历和体会；上海电视台新闻综合频道夜线约见栏目，以"从志愿者到作家"为题对王萌萌作了专访。

"王萌萌是一位关注民生、社会进步、民族未来的青年作家。"时评家吴兴人撰文指出："目前，中国当代文学存在的严重问题之一是：在反映现实生活、开掘新的精神审美价值方面，缺乏独到的发现，缺乏创新能力。《米九》的出现，为改变文学创作的上述不良现状提供了一抹绚丽的亮色。"

评论家、博导杨剑龙撰文指出："小说通过对于米九、齐思瀚生活的描述，揭示出人们偷猎野生动物、摧残小动物的现状，提出了保护动物、人与动物和谐相处的愿望，抒写了生态和谐的焦虑与渴望……小说将米九的悲情故事置于十分开阔的背景中，都市上海繁华热闹的街市、云泽水乡清新明丽的风光、西藏高原雄浑险峻的景色等，与人物的悲情故事融为一体，使小说具有苍凉悲婉的风韵，使这部作品成为当下生态长篇小说创作的佳作。"

评论家严宝康撰文向"80后"作家郑重推荐《大爱无声》和《米九》两本书："在我们这个沸腾的时代，以做一个志愿者的经历来书写大爱，体现了'80后'年轻人的社会责任感，这样的作品脱离了青春小说的一般性范畴，给人以不一样的印象。同时，通过宏大叙事，让人看到了'80后'小说的厚重一面：对于友谊，他们肝胆相照；对于爱情，他们生死不渝。从王萌萌身上，我们看到，爱、付出、责任，同样属于'有个性的一代'的'80后'"

诗人成雅明撰文道："震撼我心灵的是那些不畏艰险、致力于野生动物和环境保护的工作者、志愿者们的崇高品质及献身精神。当合上最后一页时，我的眼泪夺眶而出，为米九的不幸遇难，为浪漫凄美的生死恋情，也为宇宙间超越血缘亲情、超越物种的更广博的一种大爱……我真的被打动了。"

"文学天空上飞来一只白鹤。"作家沈嘉禄撰文指出："王萌萌的志愿行动与激情写作不仅为社会提供了一个值得分析的样本，还向中国文坛注入了勃勃生机。或者说她是给中国文坛扶贫——当代文学失血失钙严重，缺乏理想主义情怀，难道不是吗？"

一些专家和学者纷纷指出王萌萌现象应该引起社会的重视。

对话

两年时间内，您先后4次赴云南支教，为何如此执着？

我最初在公益组织做全职志愿者，因为工作的原因去了云南贫困山区，了解了当地人的生活状态，内心受到极大的震撼，有了坐在城市办公室里永远都不会有的体会，之后便开始自发地去红河州元阳县黄茅岭乡中心小学支教，采风。

我曾经在当地彝族女老师的陪伴下走访过很多村寨、学校、贫困学生的家，还曾在艰险山路上徒步8小时爬上了当地海拔最高、生活条件最差的自然村，看望了那里一师一校的小学。深入的生活体验为我的文学创作提供了扎实的创作基础；我与当地师生建立起的深厚的情感已经使得那片土地成为我心中的第二故乡、有着我取之不竭的激情和灵感的源泉。之所以如此执着是因为我已经视当地的师生为亲人，他们给予我的远远比我为他们付出的多。当他们望着我的时候，他们眼中的信任会让我觉得踏实；当我的努力能使他们露出纯净的笑容时，那种满足感异常美妙。

近两年我还在持续不断地去那里，如今对我来说去那里就像回家一样。

您的三部曲都聚焦了女志愿者，为何如此关注女性？

我作为女性，本身就是从女性视角去观察、理解、体悟这个世界。我个人认为女性不论从生理上还是精神上都比男性要更加复杂多变，也承受了更多的苦难，所以女性的世界更为深刻广博。在志愿者群体中，女性志愿者更具亲和力、温和细腻、善于理解和共情、也因为天生的母性而更无私更具付出精神。

作为文坛新人,您连续写作了三部长篇小说,写作的过程顺利吗?

写第一部长篇小说《大爱无声》的时候,就因为是新人,没想过这篇小说将来能发表,别人将如何评论、会有怎样的回报,所以没有任何负担和束缚,只是极度渴望表达,所以写得格外顺畅。之后的创作再也无法找到当初那种自由、率真的状态,会考虑很多因素,不论是结构还是语言、情节设置、人物塑造等等。所以写作第二部长篇小说《米九》写得格外艰难,因为是写环境保护和动物保护志愿者,先是花了很多时间去体验生活,同时又学习、查阅了很多专业资料。看似做足了充分的准备。可是面对电脑屏幕,我却迟迟无法敲出第一行字。我觉得找不到最恰当的语言风格和句式,总在自我怀疑和自我否定。这种情形持续了很久,常常在一个情节、甚至一句话上卡住,无法继续写下去。这导致我写作的进度非常慢,慢到我自己无法容忍的地步。一度我甚至感觉自己丧失了正常的文字表达能力,曾经一连多日夜不能寐、食不下咽。老师曾经劝我暂停一段时间,调整好身体再继续写,可是我却知道自己根本无法停下来,我从没有感觉到写作如此痛苦却又如此难以放弃。坚持写完二分之一的内容后,我创作的状态渐渐地好起来。我不会再钻牛角尖地去为一个词、一句话较劲了。我发觉只要心无杂念,恰当的语句就会自然地从我的指尖流淌出来,我开始享受讲故事的过程。我感觉小说中的人物都像是真实的人物,是生活在我身边的朋友,他们会和我对话,而有时我又变成了他们,经历着我为他们设计的一切;小说中的动物们也都是活生生的存在,我听得到它们的叫声,看得到它们纯净的目光。在我感觉最疲惫最孤独的时候,我让自己创造的生命围绕着我,给我一种温暖、踏实的感觉。最后三分之一的内容我写得非常顺利。感情的碰撞、情节的交织都以我喜欢的节奏和方式展现，那种一泻千里的顺畅和淋漓尽致的痛快让所有的疲惫都微不足道。越写到后面，我反而越刻意放慢速度，因为不舍，不舍结束这段非同寻常的旅程，不舍和这些只存在于文字里和我的精神世界里、却有血有肉的朋友们分别。以致于当我打完初稿最后一个标点符号时异常失落，满怀离别的愁绪和恐慌，似乎生命里的某种很重要的东西离我而去了，我却永远都无法再找回，眼泪不由自主地从眼眶里溢出来，我疲惫至极，躺在床上久久无法入睡。

"80后"作家被看作缺少历史记忆的一代。您是如何看待的？

我认为在这个方面也是因人而异吧。以年代划分作家群体其实并不合适，因为同一代人出生、成长的环境会因为种种原因截然不同，加上不同的脾气秉性和生活状态，进行文学创作的话必然会有不同的选题、呈现出不同的风格。就我本人来讲，我是从小就对古代史感兴趣，看了很多相关的书。高中时开始想要了解父辈甚至祖父辈的经历，对他们走过的那个时代和时代变迁感兴趣。我觉得历史记忆其实不会轻易被湮灭，因为它们会遗留在生活细节上甚至渗透进人的血液之中，上一代人的伤痛和缺失会遗传给下一代人，所以现今社会很多问题要回到过去寻根溯源才能弄明白。所以我在每一部长篇小说里都会讲述父辈们的故事，也很注重与他们的沟通和相互理解。

您是如何看待"中国第一位志愿者作家"这个称号？

我不喜欢被贴上标签，因为没有任何标签可以确切地标明一个活生生的人的属性。现在，大家都称我是"志愿者作家"，面对这样的称呼和我心中常感惶恐。作为一个自幼酷爱读书、一直从书中寻求慰藉、力量和指引的人，"作家"这个称号在我心目中十分崇高。而从事志愿服务多年，我深深体会到想要做一名合格的志愿者是件十分不容易的事。

目前，我个人最大的梦想是，和身边有爱心的朋友们通过努力让更多黄茅岭的孩子能够完成学业、走出大山、拥有选择更好生活的自由。

采访手记

用一颗真诚的心书写人生

"80后"的女孩是什么样？追求时尚、热爱美食、喜欢各种最新款数码产品，然而，当我认识王萌萌时，改变了自己对"80后"刻板的认识。

没有太多的客套，三条短信，我和王萌萌便约好采访的时间和地点。王萌萌留给人的第一印象：语速快、办事效率高，想到就说、说到做到！初见王萌萌，着装朴实，却非常自信、有活力。

和王萌萌交流时，我被她传奇的经历所吸引：为了创作，她亲赴环境保护第一线，行程从东部沿海的湿地到海拔五千多米的藏北草原，再从神秘的雅鲁藏布大峡谷到成都郊区的小动物救助站；为了创作，她曾前往盐城国家级珍禽自然保护区，住进鹤场的职工宿舍，和丹顶鹤养护人员同吃同住；为了创作，也曾走进平均海拔四千五百米以上、人迹稀少的藏北羌塘，体验野生动物保护工作者的生活和工作状态；为了创作，她还徒步进入被称为人类最后的秘境、环境极端恶劣的雅鲁藏布大峡谷，遭遇山体滑坡，命悬一线的惊险……讲诉往事时，王萌萌还不由自主地模仿当时的场景和动作，仿佛是刚刚经历过。听完这一个个传奇的经历，我再看看眼前这位身材高挑、文静秀气的女孩，很难将两者结合在一起。

"小说内很多精彩的场景和画面都是自己亲身经历的。当点完《米九》作品的最后一个标点时，我异常失落，像刚刚与一个熟悉的世界和一群好朋友告别，满怀离别的愁绪，甚至还有一丝恐慌，似乎生命里某种很重要的东西离她而去了，永远都无法找回。"王萌萌深情地讲诉着，眼泪不由自主地从眼眶里溢出来……

"创作时，都努力做到问心无愧，小说里的每个字都是自己用心来写成的。"她补充道，希望借这几部小说，为帮助贫困山区的孩子、保护生态平衡尽一份力，并以此结识更多志同道合的朋友。

如今，创作已经成为王萌萌生活中非常重要的一个环节，然而，她花费更多的时间去山区、看望结对的孩子们。行走在创作的路上，王萌萌用一颗真诚的心去创作、去书写自己的人生。

（杨玉红）

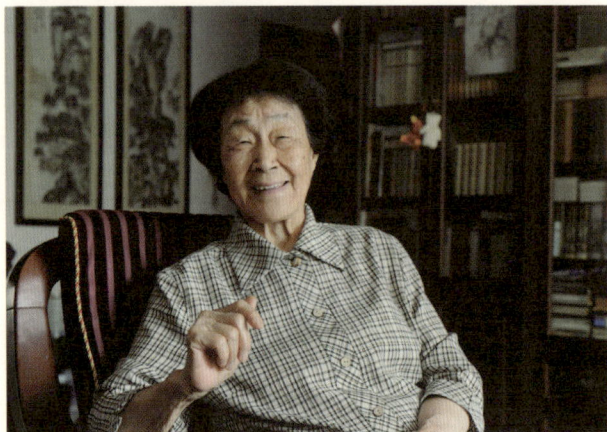

于漪：选择了老师，就选择了高尚

于漪，1929 年生，1951 年毕业于复旦大学教育系。毕业后进入上海第二师范学校任教，培养了一批又一批优秀小学教师，1985 年起任第二师范学校（后转制为杨浦高级中学）校长。

现任上海杨浦高级中学名誉校长，首都师范大学、华东师范大学、上海师范大学兼职教授，上海市教师学研究会名誉会长。

在中国当代语文教育史上，于漪曾提出两次重要的语文教育改革思想：1978 年提出的"教文育人"观点，对当时的语文教育思想产生重要影响。上世纪 90 年代中后期，于漪又提出"工具性与人文性的统一是语文教学的基本特点"，在语文教育界内外产生了广泛影响，推动了语文教育界关于语文学科性质的新一轮讨论，并使这场讨论最终在"人文性"上达成共识，"工具性与人文性统一"，随后被写入教育部新颁发的全日制初中、高中义务教育《语文课程标准》。

在六十多年的教学生涯中，于漪上了近 2000 节公开课。繁忙教学之余，于漪还不断总结探索教学实践经验，发表《兴趣是学习的推动力》、《兴趣·感情·求知欲》等数百篇文章，代表作品有《于漪语文教育论集》《于漪文集》（6 卷）、《于漪新世纪教育论丛》（6 卷）、《岁月如歌》、《教育的姿态》、《语文的尊严》等。

1978 年，于漪被评为我国第一批语文特级教师。1979 年评为上海市劳动模范，1983 年获全国三八红旗手称号。1983 年被评为全国五讲四美为人师表优秀教师，1986 年被评委上海市优秀共产党员，1989 年被评委全国先进工作者。2010 年被评为"全国教书育人楷模"。

在采访上海著名教师于漪之前，我去杨浦高级中学旁听了一场她为一批来自广东的骨干教师做的主题为"教师的职业道德"

报告会。回家整理录音的时候，发现于漪讲了足足三个钟头。而这种类型的讲座、报告，还只是她现在日常工作中的一小部分而已。

上门采访的当天，发现于漪额头上有一块淤青。她有点不好意思地解释，前几天校庆跟一批学生聚会，"从二十多岁到七十多岁的学生都有，他们看到我都亲热极了，都问我'于老师，您还记得我是谁吗'，'于老师，您抱抱我'。我也很激动，学校一扇大玻璃窗没看清楚，就一头撞了上去……"

85岁了，于漪依然很忙，并且依然是个急性子。她最急的，也是她在讲座和访谈中多次说的：在当今情况下，如何自觉地提升自己的精气神儿。

与其说一辈子做老师，不如说一辈子"学做老师"

1951年，于漪从复旦大学教育系毕业后，教了几年工农速成中学的文化课。1958年初被调往上海市第二师范学校任教，先教了一段时间历史，然后被校长叫去谈话，要她改行教语文。

非语文专业出身的于漪在短时间内突击了很多图书，包括语文和教育专业的，但对于自己到底教得如何，心里没底。有一次，一位老教师来听于漪的课，下课之后，于漪请对方给点意见。"他当时就说了一句，语文教学的大门在哪里，你还不知道呢，这话说得多重啊，我当时感觉如五雷轰顶。我的人生愿望就是做一个好教师，怎么我到现在连门都没找到？这句话激励了我一辈子，我不但要找到大门，还要登堂入室。"

在超过一个甲子的教学生涯中，初为人师时，有两件事让于漪印象深刻。一件是关于"曲高和寡"的讲解。"我跟学生解释，唱《下里》《巴人》，跟着唱和的数千人；唱《阳春》《白雪》，跟着唱和的不过数十人，所以其曲弥高，其和弥寡。但课后我读到宋玉《对楚王问》时，发现自己讲得并不准确。宋玉说'引商刻羽，杂以流徵'，和者不过数人而已，就是说《阳春》《白雪》还不是最高级，而是次高级的。我很惭愧，第二天上课就跟学生说，老师讲得不准确，治学不够严谨，请他们原谅。

还有一次，于漪在批改作文的时候，把"着"字中"羊"的一竖断成两笔。旁边有位老教师提醒于漪：如果你写的是板书，那可能就有学生跟着你错一辈子。此时此刻，于漪突然悟到：不合格的教师误人子弟是看不出来的。基础教育教的是知识的核，会陪伴人的终生，是最不会老化的，教师要高度负责，不允许有半点差错。

从此她给自己定了一个规矩，心里要有两把尺子，一把专门量别人的长处，另一把专门量自己的不足。每堂课上完之后，于漪都写一个"教后"，包括两方面的内容：一是学生身上的闪光点，"他们会提出很多我没想到的问题，回答问题也会很精彩"；二是记下自己的不足，"从 1978 年评上特级教师之后，基本每堂课都有人来听，少则二三十人，多则几百人。大概上了两千堂的公开课，没有一堂是十全十美的。边学边干，边干边学，学做老师。"

听过于漪公开课或报告会的人们，都会被她的旁征博引所打动。于漪说："这是我后来悟到的，做优秀教师的第一要素就是学，教得好首先是学得好。你上课能够做到左右逢源游刃有余，一定是因为你有足够的专业素养和文化积淀。如果只会抱着教材、教参上课，那一定是捉襟见肘。教海无涯学为舟，与其说我是一辈子做老师，不如说我是一辈子学做老师，学做个好老师。直到现在，回到家不管多晚，多累，我都要看一会儿书。"

这种精益求精的学习态度，在很大程度上来自于跟于漪从小所受的家庭和学校教育。"我的父亲在三十多岁就去世了，母亲一个人带大我们兄弟姐妹五个，如果不是国家栽培，我根本不可能上到大学。而且从小学到高中，我遇到的都是非常优秀的教师，所以一直抱着一种感恩的想法,认为老师很了不起,自己也要成为这样的人。"于漪参加高考那年,全国有一万两千多个考生报考复旦,她是500名被录取者之一,在当年是绝对的"天之骄子"。

教书不是一个简单的技术活儿

说起当年的老师,于漪至今津津乐道:"我高中的语文老师,上课没有教材,没有教参,随便问他什么问题,都难不倒他。他教我们李煜的词,帘外雨潺潺,春意阑珊……老先生穿着一件长衫,把我们都带到那个意境当中去,真是出神入化!这首词我一辈子没教过,但它已经成为我文化积淀的一部分。前年校友返校,我才知道他是章太炎弟子黄凯的学生。我那时候就想,以后一定要像老师这样!"

很难说是这是巧合,还是于漪很早就表现出了对语文教育的敏感性,她还清楚地记得自己的小学语文老师。"卢沟桥事变之后,我的家乡镇江被日本人侵占,学校关门,最后一堂语文课,是一位男教师教《苏武牧羊》。我还记得老师很激动,他说大家不要忘记,当亡国奴是很苦的。我们这群孩子以前从来都没听过这样的字眼,但看到老师教唱的时候,一边按着破风琴,一边眼泪掉下来。老师并没有告诉我们什么大道理,但这堂课让我终生难忘,可以说在我心里洒下了爱国主义的种子。"

正因为受过这样的熏陶,于漪很早就意识到在传授知识之外,教育还要承担"育人"、"人文"的重任。"60年代的语文教材,政论文比较多,我感觉如果还是用用字词句篇的方式教语文,而不能以观点作为统领,是远远不够的。学习知识、培养能力是教育的应有之义,但所有学科都必须服从于育人的大目标。"1977年10月,上海电视台直播于漪《海燕》的公开课,在上海造成万人空巷的轰动效应。1978年,于漪正式提出"教文育人"观点。

这些在当时看来颇为"前卫"的理念，现在已经成为共识。

汉代韩婴在《韩诗外传》里说的一句"智如泉涌，行可以为表仪者，人师也"，一直被于漪奉为座右铭。"就是说，教师要德才兼备，不要做教书匠，要做人师。教育是一项以人育人的工作，它不是一个简单的技术活儿。如果教育工作只需要一个传声筒，那网络完全可以承担这个工作，还要我们教师做什么呢？我做了几十年教师，有深刻的体会，一所学校的质量，说到底就是教师的质量。老百姓的择校，更多的是择师，想选到好老师。我们说强国必先强教，强教必先强师，现在的教师，既要有传统的德才兼备，还要有新时代要求的充满活力，有创新精神。其中的核心，教育力量的活的源泉，就来自教师的人格。"

在杨浦高级中学 60 周年校庆的当天，于漪的很多学生都激动地告诉她，"于老师我还记得你上过的一堂课"，或者"我还记得你在课堂上是怎么说的"。于漪说："我们现在太缺少这样的风景了。我认为这就是我作为教师的意义和魅力所在。"

选择了教师，就选择了高尚

1978 年，于漪被评为我国第一批语文特级教师。当年上海市中学总共评选出 8 位特级教师，其他 7 位都来自市重点学校，而于漪所在的杨浦中学只是区重点。回想当年被评上的原因，于漪说，除了在语文教学方面的探索，可能还与她把好几个"乱班"、"乱年级"带上了正轨有关，与所任教的"快班"高升学率有关。

在几乎所有优秀教师的感人事迹中，都少不了把所谓的"差生"给带好的故事，于漪也不例外。但她显然并不想再重复述说这些事迹，"现在从事基础教育的老师都非常辛苦，但收效往往并不理想。有人做过一个调研，问老师'你爱不爱学生'？90%以上的老师都说我很爱学生；但令人意外的是几乎 90% 的学生都说老师不喜欢他。这么大的反差是怎么来的呢？我感觉我们习惯于从老师的角度想问题：我是为学生好，他们应该怎样怎样。但我们忘记了，对不同的教育对象，要用不同的方式方法，否则学生是不会领情的。我曾教过一个学校书记交给我的所有班级都不要的思想品行偏差很大的学生，抽烟、打架、满口脏话、贩卖粮票、在公交车上偷人皮夹子，进校两年一直逃学。我一大早就请两位同学到他家门口等着，陪他一起进校，去晚了他就跑出去，找不到人了。对这样的学生，我能要求他跟其他同学一样吗？那不现实。我一开始只对他提出两个要求：不打人，不骂人。然后引导他慢慢听课，做作业，往好里转。那简直是水磨的功夫，反反复复，包括带到家里，住在家里教育。对学生要丹心一片，满腔热情满腔爱，学生会知好歹的。前几天他还给我打电话，说校庆的时候没找到我，问我身体好不好。

《国家中长期教育改革和发展规划纲要（2010-2020年）》中第一次提出，教师要"以人格魅力和学识魅力教育感染学生"。2013年，于漪主编了《教育魅力——青年教师成长钥匙》一书。

"也许有人会说，我是一个中学老师，能有什么学识魅力？这是非常糊涂的想法。每一个行业都有魅力，每个领域都有自己的高深学问。你让大学老师教小学语文，他一定教不来的。教师的人格魅力更加不能小看。你教三年下来，学生走路、说话都可能像你。如果你的板书很漂亮，学生都可能要学你的字。年龄越低、年级越小的孩子，越爱模仿老师。不知不觉当中，你就起到了'化'的作用。熏陶感染，春风化雨，这就是教师。教师的人格和学识魅力，内化为学生们对知识的追求。"

但于漪也认为，现在的教育工作比她那时候复杂得多。那时候学校倡导的价值观与社会的价值观是一致的，"我为人人，人人为我"，学雷锋从学校学到社会。现在经济多元、价值多元，特别是金钱至上、功利泛滥、自我中心等，对学校教育冲击很大，对缺少生活经历、缺少文化批判力的学生影响很大。教师要有定力，既要传授知识，更要播撒做人的良种，以社会主义核心价值观滋养学生心灵，立德树人，引领他们健康成长。要学生做人，教师自己首先要做人，做高尚的人。以人育人，是高尚的事业。选择教师，就选择了高尚。

因为信任，很多校长、老师、家长都通过不同的途径向于漪反映困难。"有校长对我说，'于老师，现在是独生子女学生，独生子女教师，再碰上一些不讲理的独生子女家长，我们的工作真是苦死了！'老师们也有很多困惑，比如面对应试教育，很多大家都认为很好的想法，是无法落到实践中去的。家长也向我诉苦，说孩子迷恋超女快男，应该怎么办？校园已经不是以前的象牙塔了，用我们以前的简单思维，是无法应对的。"

要有自信，不要受'教育时尚'干扰

从校长位置上退休之后，于漪将更多的精力投入到骨干教师的培养工作中去。她的教育视野在扩大，发现的问题也越来越多，越来越实际。如课堂运用先进技术，运用多媒体教学本应是好事，形象生动，帮助学生理解。但用得不当，效果适得其反。她说："有一堂小学诗歌的公开课，讲的是杜牧的《山行》。'远上寒山石径斜，白云生处有人家'，多有意境！老师上课的时候就是一幅国画式的多媒体，'白云生处'，画的是白墙黑瓦的房子；讲到'霜叶红于二月花'，也是画得满满的。课从头到尾就是对着一幅多媒体画讲。这首诗本来可以充分发挥孩子们的想象力，'白云生处'有多高多高，多高是多少米啊。霜叶红得有多美多美多美，孩子完全可以想象，无须画出；却被老师用咫尺画面完全框死了，把无限的想象定格在狭小的画面里，这多媒体起的是正面作用还是负面作用？"

不仅是语文课，数学课也是如此。"我听过一个高中的解析几何课，老师也是用了多媒体，把所有辅助线的添加步骤全部给演示出来。我在后面看得皱眉头哦，数学不仅是个解题的结果，更重要的是培养空间思维、逻辑思维的能力。这七个步骤，如果是用板书一步步推导，那是多么精彩。底下还有同学拿手机拍照，因为来不及看多媒体的推导过程。"

让于漪"皱眉头"的还有很多："小学语文教师公开课，学生回答完问题，老师说 OK，说'哇塞'，这有必要吗？我们说课堂要活泼生动，但并不等于不严肃。""初中老师上安徒生《皇帝的新装》，老师让两个学生到前面，演骗子，演皇帝，看骗子怎么骗过皇帝，请问这种热闹是安徒生的本意吗？"

"上公开课的目的是开展教学研究，提高师资水平，但现在几乎成了一种'教育时尚'，其中很多做法不符合学生认知规律、不符合学科教学规律。教学是老老实实的事，不能炒作，不能追求时尚搞轰动效应。上课要吃透两头，一头是教材，一头是教育对象，你对教材、对学生研究透了，才能因材施教。不能把上公开课变成巡回演出。"

为什么"教育时尚"会流行？于漪说，最大的原因是教师缺少自信，"被他信力给忽悠了"，"信教参、信指标评价、信一课一练……诸如此类的东西，影响教师，导致教师教学自信力消解。编教学参考书是不得已而为之，是保证教学质量的底线，但对有思想有抱负的教师来说，往往是一种束缚，束缚他们的独立思考能力，束缚他们才能、智慧的发挥。我们那代当时是没有教参的，老师必须潜心钻研自己弄懂了教材，才能站到课堂上，如果教师只靠教参，只靠电脑下载，教学就不可能达到得心应手的境界，当然学生也就不能深受其益。"

对话

您与以前的学生一直保持着良好的关系。但现在师生关系、家校关系都变得比较紧张，您觉得问题出在什么地方？

必须要承认的是，我们那时候整个社会关系比现在简单。首先是家长，他们对学校和社会抱着感恩和尊重的心情，我刚毕业时才二十多岁，我的学生十五六岁，比我小不了多少，但家长都这样对我说：我们家祖祖辈辈都没读过高中，非常珍惜这个学习机会，如果我家孩子不听话，你就打他骂他，我们肯定不会有意见。家长们完全信赖老师，老师、孩子、家长是站在一起的。而现在家长对孩子期望比以前高得多，普遍希望孩子成龙成凤，再加上大都是独生子女，对老师的要求也相应提高。在这种情况下，老师、家长、学生是自成一派的，不能说两两对立吧，但肯定不像以前那么和谐了。

另外，我们的整个社会环境、教育环境变得太多太快了。我接触过很多优秀的中青年教师，他们也有很多困惑，区里、学校用对待 GDP、对待经济的做法对待教育，他们该怎么办？他们是拿应试教育压学生呢，还是拿素质教育去抵抗应试教育呢？这都很难。

以前我们说到好老师，第一要求是爱心，现在单凭这个还能打动孩子吗？

最重要的一点，还是要有爱心。教育事业是爱的事业，没有爱就没有教育。老师一定要深刻地认识到每个孩子都是家庭的宝贝，国家的宝贝，你对他们是全心全意还是三心二意，他们心里都很清楚。有些老师不知其中奥秘，往往就输在了这一点上。

除了爱心，更新教育观念也很重要。孩子有活泼的生命，不可能坐在教室里一动也不动的。孩子调皮捣蛋乃至犯点错误，你做老师的该怎么看待？如果认为这都是非常态的，是不得了的大事，那就错了。我就碰到过很多皮大王，我认为调皮捣蛋的孩子至少身体健康，精力充沛，还脑子活，点子多，这有什么不好？这是孩子成长中的常态，要理解、宽容、爱护、引导，不能用对待成人的要求挑剔孩子。再说，小孩子天真幼稚，容易受外界影响，做错事是免不了的，如果孩子都懂事，都一学就会，那还要老师干什么？做老师的，不要总是看到孩子的不足，而是要看到他们的长处。你说他一百个不好他也不会好，关键是要引导他，教育他怎样才能好。我就在"怎样才能好"上下功夫。以前我有个学生，喜欢摸鱼摸虾，我就在办公室放了一盆水，让他把摸来的鱼虾都放进去，两只大虾打架，我说你作文就写这个。结果作文出来，虽满篇错别字，但我说写得真生动，我写不出来。

按照现在的说法，于老师您还是挺前卫的，很会见招拆招。

跟以前的学生聚会的时候，很多学生都让我抱抱，这可能是其他老师享受不到的待遇吧。有些学生可能只上过我一节课，却记了我一辈子。除了教育技巧、教育理念这些，我觉得我最重要的基本功就是尊重、敬畏每一个孩子，尽力去发掘他们身上的优点。以前的一个皮大王学生，我生病住院，他来看我，哭着说于老师你可千万别死，你不要死啊。他不会说什么感人肺腑的话，但认可我这个老师对他很重要。这个学生的家庭情况很差，谈不上有正面教育，没办法有个阶段把他带到我家里来教育。

所以我也想问，您一门心思放在学生身上，家人会提意见吗？

在那个年代，像我这样做事的人其实是很多的，大家都有一种热情，要为国家和民族出力。整个社会大环境都是这样。我先生是西南联大毕业的，他很支持我的工作。虽然我儿子小时候会抱怨说妈妈喜欢学生超过喜欢他，但他其实也很支持我，他当年身体不好，也是被时代给耽误了，工作之后在职读的大学。我这个人最大的困难是身体不好，没想到能活到八十几岁。我二十多岁的时候吐血，我婆婆曾说我三十岁都活不到。三十多岁我又得了肝炎，差点没命。六十多岁的时候患心脏病，真没想到能活到现在。我这辈子就是跟两个东西做斗争，一个是疾病，一个是无知。

对抗疾病靠锻炼，而对抗无知则是靠身体力行。教育不能只是言教，说得好有什么用。我开了大刀出来，早上六点钟学生军训跑步，我五点五十分在操场上等他们。跑不动，我就在操场上走。我婆婆心疼我，说：天天等你回来吃晚饭，我都等得心酸啊。

真看不出来您经历过这么多坎儿。您做报告的时候，我听到底下广东的老师们在说：于老师说真话，真有精神。

人就是要讲真话，这样才问心无愧。教育取得了很大成绩，如义务教育全国覆盖等，但弊病不少。比如择校问题，小学甚至幼儿园就有所谓的名校了，人为地制造了不公平。有择校就有条子生，就会有暗箱操作。再比如分数排名问题，有位老师告诉我，每次考完，分数出来，班级分数排名靠后的老师压力很大，只好去压家长，家长也只能拼命督促孩子。行的是应试，说的是素质，到最后倒霉的都是学生。还有补课问题，这个班，那个班，明的，暗的，名目繁多，赚的是家长的钱，挤压的是学生的休息时间，自主发展的时间，消耗他们宝贵的生命。看到这些情况，我确实有椎心的忧思。

为什么大家认同我？因为我没有拿过一分不该拿的钱，没有用公款去游山玩水过。再给我一次机会，我还会这样做，我一点也不后悔。我也跟一些年轻教师们说，你们一定要想清楚，为什么说人民群众是历史的推动者？社会进步，一定有一批真正的国家栋梁在干活。

您从事教育工作超过六十年，当中经历过八次课改，能否大概归纳下，这些年来教育工作的变化？

我大学刚毕业的时候，学校对我们的要求是"教懂学生"，主要是读书识字。到了上世纪60年代，要求"教会学生"，不仅传授知识，还要训练能力。80年代，我们提倡让学生自觉学习、学会学习。现在，我们说不仅要"学会"，而且要"会学"，这是跟国际接轨的。联合国教科文组织早就说过，21世纪的文盲不是不识字的人，而是不会学习的人。现在知识更新这么快，大学学的知识，有些到了社会上可能就已经过时了，所以教会学习是现在办教育的第一要领。课堂教学要以学科智育为中心，融合德育和美育的教育，使学生德性、智性双滋养。

从家庭教育的角度说，家长们应该怎么做？

孩子应该有一个快乐的童年，如果童年快乐缺失，会终身遗憾。现在的家长普遍有种恐惧感，由于社会上急功近利的影响，家长常常担忧"输在起跑线"上，于是，不管孩子年龄特征，要他们"提前支付"精力，拔苗助长。孩子在生理上、心理上没有发育到一定的程度，该六岁学的，哪怕五岁半学，那也是很困难、很吃力的。你教得费劲，孩子也学得不开心，学得很苦。

人为提前，人为拔高，不符合孩子成长的规律，最可怕的是使他们看到学习就害怕，就厌恶。

家长培养孩子好奇心，培养他们良好的习惯非常重要。要学会热爱父母，尊重别人，友善同伴，自己的事情自己做，从小养成好习惯，孩子一生受益。第二是兴趣，激发他们对事物的观察兴趣，探究兴趣，保护他们的好奇心。家长，不仅要在他们心中点亮求知的等，更要在他们心中点亮情商这盏灯，让知识与美德伴随他们成长。

请您从一位资深的教育工作者的角度，谈一谈您的中国梦？

我衷心希望，我们国家的教育能够真正实现公平、公正，恩泽每一个学生，不要受权和钱的干扰。这个就是我的中国梦。

我们一直说教育事业是真善美的事业，教育首先要求其真。不说假话，表里如一，言行一致，唯有求其真，它的善才不是伪善，它的美才不是假美，才能培养出素质良好的国家民族的脊梁。

采访手记

在去采访于漪之前，我看过很多媒体关于她的人物报道。基本上，我们能想到的关于一位"好老师"的光荣事迹，在于漪身上都发生过：勤于学习，认真备课，爱生如子，把调皮鬼学生带到家里来教育，等等。但是仅凭这些，实在不足以支撑于漪能有今天如此大的影响力。

在听报告会和整个采访过程中，于漪给我印象最深刻的，是她确实发自内心地热爱教育事业并且为之付出了超过大多数同行的认真和努力——这让她成为一位专业素质过硬的优秀教师；以及她超出大多数同行的对教育工作的钻研精神和洞察能力——这让她成为一位能够提出个人观点的教育专家。"教文育人"，"工具性与人文性的统一"，这些在我们今天看来完全是常识问题的观点，在于漪最早提出来时，是需要相当的智慧和胆识的。

凭着这份智慧和胆识，85岁的于漪还在批评，还在呼吁，还在宣传。她把更多的精力放在中青年教师的培养上面。她说：如果我能影响到一个教师，这个教师就可能影响到成千上万的学生，这是一份泽被后世的工作。

但诚如于漪所说，敬业乐业而心无旁骛，听从分配而无怨无悔，这几乎是她那个时代教师们的共同特色。他们所处的家庭环境、工作环境、社会环境，也在很大程度上促成了这些共同特色的形成。再拿这些标准来要求现在的教师们，显然已经不合时宜了。尤其是很多年轻的老师会向于漪抱怨，这个行业越来越无法吸引他们。在教师培训和讲座中，于漪总是很诚恳地说：我不是说当了教师就只谈奉献不谈赚钱，钱还是要赚的，还要把家庭照顾好。但在这些以外，我们不要忘了，我们一个肩膀挑着学生的现在，一个肩膀挑着国家的未来。今天的教育质量，就是明天的国民素质。国家是把自己的未来交给了我们，我们要负起责任。

　　于漪曾说过这样一句话：对老师来说，上课就是用生命在歌唱。作为一个孩子的家长，以及一个对社会抱有乐观情绪的普通人，我衷心希望，于漪的歌唱能更响亮，更持久些；希望这是一曲动人的大合唱，而不是一个老教师的独唱。

（孙立梅）

后记

　　在妇联工作中，时常能遇到一些或优秀或平凡的女性，或让人心生崇敬，或让人颔首赞许，或让人触动心扉。她们以品格、智慧和创造，参与和推动着上海的进步，丰富和浸润着上海城市精神。

　　2013年年底，上海市妇联宣传部动议与相关媒体合作推出"平凡女性的中国梦"人物专访，之后选定被采访者，并组织部分女记者开展人物深度访谈。2014年5月，上海市妇联宣传部与《新闻晨报》联手开设"我要大声表扬你·巾帼美"专栏，将记者的长篇采访精简后在媒体上一一呈现。从5月12日推出首期人物好护士蔡蕴敏，历时两个多月，又陆续报道了于漪、张永莲、易解放、王萌萌等12位上海女性典型。她们中有三八红旗手，有优秀志愿者，有"海上最美家庭"女主人等等，虽然身份不同、工作及年龄各异，但无一不执着坚守心中梦想，无一不生动演绎着"聪慧时尚、自信坚韧、创新进取"的上海女性时代精神。

　　此次，编者把女记者的深度采访及手记汇集成书，是希望弥补新闻报道篇幅的局限，将每一位被采访者的精彩人生、独特个性和思维火花全方位呈现给读者。本书7位作者从女性的视角出发，与被采访者面对面沟通、深入交流，又反复推敲、几易其稿，需时月余、最终成书，将上海女性的可亲可敬的形象、平实简单的坚守缓缓展现，娓娓道来，直指人心。感谢女作者的辛勤付出，让我们看到聚光灯背后女性柔软坚韧的力量。感谢《新闻晨报》编辑叶梓，雷厉风行、不畏重任，开辟专栏率先传播优秀女性典型，引起读者热烈反响。感谢责任编辑刘刚，精心编辑、设计和装帧这本充满正能量的书籍。更特别感谢上海报业集团叶蓉老师，参与策划、支持宣传，功不可没。

愿我们的努力，可以让更多的优秀女性脱颖而出；愿她们的魅力，可以感染更多的读者。

编者

图书在版编目（CIP）数据

她们眼中的她们 / 上海市妇女联合会主编. -- 上海:
文汇出版社, 2014.11

ISBN 978-7-5496-1331-1

Ⅰ.①她… Ⅱ.①上… Ⅲ.①女性－名人－生平事迹
－上海市 Ⅳ.①K828.5

中国版本图书馆CIP数据核字(2014)第251182号

她们眼中的她们

主　　编 / 徐　枫

责任编辑 / 刘　刚
装帧设计 / 张　晋

出版发行 / **文汇**出版社
上海市威海路755号
（邮政编码200041）
经　　销 / 全国新华书店
印刷装订 / 江苏省启东市人民印刷有限公司
版　　次 / 2014年11月第1版
印　　次 / 2014年11月第1次印刷
开　　本 / 787×960 1/16
字　　数 / 100千字
印　　张 / 11.25

书　　号 / 978-7-5496-1331-1
定　　价 / 35.00元